최고로 멋진 친구가 되는 기술

최고로 멋진 친구가 되는 기술

지은이 제임스 J. 크리스트 | **옮긴이** 정한결 | **처음 찍은 날** 2019년 5월 14일 | **처음 펴낸 날** 2019년 5월 21일 | **펴낸곳** 이론과실천 | **펴낸이** 최금옥 | **등록** 제10-1291호 | **주소** (04045) 서울시 마포구 양화로 56 동양한강트레벨 714호 | **전화** 02-714-9800 | **팩스** 02-702-6655

The Survival Guide for Making and Being Friends
TEXT Copyright © 2014 by James J. Crist, Ph.D.
Illustrations © 2014 by Free Spirit Publishing Inc.
Original edition published in 2014 by Free Spirit Publishing Inc., Minneapolis, Minnesota, U.S.A., http://www.freespirit.com under the title: The Survival Guide for Making and Being Friends
All rights reserved under International and Pan American Copyright Conventions.
Korean translation Copyright © 2019 by Theory & Praxis Publishing Co.

이 책의 한국어판 저작권은 PubHub 에이전시를 통한 저작권자와의 독점 계약으로
도서출판 이론과실천에 있습니다. 저작권법에 의해 한국 내에서 보호를 받는 저작물이므로
무단 전재와 무단 복제를 금합니다.

ISBN 978-89-313-8172-6 73190

- 값 13,800원
- 잘못된 책은 바꾸어 드립니다.
- 이 도서의 국립중앙도서관 출판예정도서목록(CIP)은 서지정보유통지원시스템 홈페이지(http://seoji.nl.go.kr)와 국가자료종합목록시스템(http://www.nl.go.kr/kolisnet)에서 이용하실 수 있습니다. (CIP제어번호: CIP2019018132)

은 이론과실천의 어린이책 브랜드입니다.

품명 도서 **제조자명** 도서출판 이론과실천 **제조국명** 대한민국 **사용 연령** 10세 이상
주소 서울시 마포구 양화로 56 동양한강트레벨 714호 **전화** 02-714-9800 **제조년월** 2019년 5월
KC 마크는 이 제품이 공통안전기준에 적합하였음을 의미합니다.

새로운 친구를 만나고 사귀는 실제 기술에 관한 이야기

최고로 멋진 친구가 되는 기술

제임스 J. 크리스트 지음 | 정한결 옮김

바치는 글

지난 20년 동안 만난 모든 아이들과 십 대들, 친구를 사귀고 친구 관계를 유지하느라 고군분투한 그 친구들에게 이 책을 바칩니다. 그 모두가 이 책의 매 쪽에 담긴 모든 내용에 영감을 주는 존재였습니다. 친구가 있다는 건 인생의 크나큰 즐거움 가운데 하나입니다. 내가 쓴 이 책이 더 많은 아이들에게 도움을 줄 수 있기를 바랍니다.

감사의 글

믿을 수 없을 만큼 힘이 되는 나의 부모님께 감사드리고 싶습니다. 친구 관계를 유지하는 것이 내게 얼마나 중요한지 아셨기에, 친구들과 만남을 위해 부모님의 차를 거듭해서 빌릴 때조차 나를 이해하셨던 분들! 이 책을 쓸 수 있게 아이디어를 준 카터 페링턴에게 감사합니다. 내 원고를 맨 처음 검토하고, 탁월한 제안을 해 준 내 조카 키라 크리스트에게도 고마움을 전하고 싶습니다. 마지막으로, 언제나 내 글을 아이들에게 더 친숙한 문장으로 다듬어 주는 편집자 에릭 브라운과 나를 믿고 내 글을 지지해 준 프리 스피릿 출판사의 모든 직원들께도 감사드립니다.

차례

친구 사귀는 게 너무 어렵다고? 10

제1장 친구가 뭐 그리 대단하다고 18
친구란 뭘까? 19
친구가 있으면 뭐가 좋지? 21
친구를 사귀고 누군가의 친구가 되려면 어떻게 해야 할까? 24

제2장 새로운 친구를 만나고 사귀는 열 가지 단계 28
1단계. 알맞은 장소에 가기 29
2단계. 공통 관심사 확인하기 31
3단계. 인사하기 34
4단계. 대화 시작하기 36
5단계. 상대방에 대해 묻기 39
6단계. 자신에 대해 말하기 42
7단계. 상대의 반응 알아차리기 44
8단계. 대화 이어 가기 47
9단계. 무리의 대화에 참여하기 50
10단계. 작별 인사 하기 51

제3장 우정을 쌓는 일곱 가지 비결 54
(그리고 우정을 해치는 네 가지 실수)

비결1. 나누기 55
비결2. 돕기 56
비결3. 순서 양보하기 57
비결4. 칭찬하기 57
비결5. 조언이나 도움 청하기 59
비결6. 새로운 관심사 만들기 61
비결7. 다른 아이를 위해 나서기 63
우정을 해치는 네 가지 실수 65
연습해서 완벽해지기 70

제4장 사회적 기술과 우정 다지기 74

친구의 단계 75
천천히 시작하기, 그리고 가까워지기 78
성별이나 배경, 나이가 다른 친구 80
사회적 에티켓 지키기 81
공감 표현하기 83
연락하고 지내기 86
승패를 잘 받아들이는 사람 되기 87
네트워크 만들기 91
무례함의 함정 피하기 93

제5장 멋진 만남 만들기 99
　　친구를 초대할 때 100
　　초대를 받았을 때 109
　　더 자주 어울리기 114

제6장 자폐증과 주의력 결핍 및 과잉 행동 장애, 그리고 또 다른 질환이 우정에 미치는 영향 116
　　장애란 뭘까? 117
　　장애가 있는 아이의 친구가 된다는 것 123
　　네가 장애를 가졌다면 125

제7장 싸움과 상처받은 감정, 그 밖의 우정 문제를 다루는 방법 129
　　도대체, 무슨 일이 일어난 걸까? 130
　　터놓고 말하기 133
　　친구가 화났을 때 137
　　용서하기 139
　　문제 해결하기 140

제8장 우정이 끝날 때 145
왜 우정이 끝날까? 146
우정이 끝날 때가 되었다는 조짐 149
문제에 대해 말하기 152
네가 상처를 주는 사람이라면? 154
우정에 마침표 찍기 156
상대가 우정을 끝낼 때 159

제9장 다음 단계: 최선을 다해 최고의 친구 되기 162
함께 하자고 제안하기 164
재미있는 행사 주최하기 165
섞이고 어울리기 167
다른 사람 돕기 168
괴롭힘에 맞서기 169

친구 사귀는 게 너무 어렵다고?

네가 좋아하는 놀이는 뭐야? 자전거 타는 걸 좋아해? 아니면 컴퓨터 게임? 퍼즐 맞추기? 인형이나 액션 피규어 가지고 놀기? 축구나 수영, 노래를 할 때 신이 나니? 어쩌면 팝콘을 먹으면서 우스운 영화를 보고, 눈물이 찔끔 날 때까지 웃는 걸 좋아할 수도 있겠구나.

무엇을 좋아하든 친구와 함께하면 훨씬 더 재미있을 거야.

한번 생각해 볼까? 보드게임, 컴퓨터 게임, 학교 수업, 운동, 음악, 물구나무서기, 여름 캠프, 요리, 숨바꼭질, 장난으로 트림하기, 장거리 자동차 여행, 지하철로 짧게 이동하기, 텔레비전 프로그램, 인터넷 동영상, 귀찮은 잔일, 피자 먹기까지. 아마 이 모든 활동은 친구와 같이 하면 더욱 만족스러울 거야.

단순히 재미만 이야기하는 게 아니야. 친구는 네가 울적할 때 기운을 북돋아 줘. 네가 무엇을 잘하는지 일깨워 주고, 다른 일을 더 잘할 수 있게 이끌기도 하지. 친구는 서로 돕고, 서로를 위해 나서 주고, 서로의 말에 귀를 기울이지. 같이 놀고, 같이 이야기하고, 할 것이 별로 없더라도 같이 시간을 보내. 물론 친구끼리 종종 싸우기도 하지. 하지만 그러고 나서 화해하면 그 어느 때보다 우정이 깊어지기도 해.

어떤 아이는 자연스럽게 친구를 사귀고 친해지지. 또 어떤 아이는 처음에는 쑥스러워하지만 상대를 알아가면서 나아져. 그런데 사람을 만나는 상황을 불편해하거나 친구 관계를 시작하고 유지하는 방법을 배우지 못한 아이도 있어. 그 아이는 친구를 사귀는 데 애를 먹지.

너는 어때? 친구를 사귀고, 친구 관계를 유지하고, 누군가의 친구가 되는 게 어렵지는 않아? 다음 문제에 답하면서 생각해 볼까?

사교성 퀴즈

각각의 문제에 '매우 그렇다'는 1점, '가끔 그렇다'는 2점, '거의 그렇지 않다'는 3점을 주세요. 종이를 한 장 준비해 여러분의 답을 적어 보세요.

1 = 매우 그렇다   2 = 가끔 그렇다   3 = 거의 그렇지 않다

❶ 나는 모르는 사람에게 다가가 말을 거는 것이 쉽다.

❷ 나는 친구를 사귀는 걸 꽤 잘하는 것 같다.

❸ 나는 대체로 친구 관계를 오랫동안 유지한다.

❹ 나는 뜻하지 않게 친구의 감정을 상하게 하면 사과를 잘 한다.

❺ 나는 친구와 문제가 생겼을 때 어떻게 해결할지 알고 있다.

❻ 내 친구가 되고 싶어 하는 아이들이 많은 것 같다.

❼ 나는 '절친한 친구'가 있고, 우리는 아주 잘 지낸다.

❽ 나는 친구 집에 초대를 받기도 하고, 우리 집에 친구를 초대하기도 한다.

❾ 나는 친구와 게임을 할 때 이기든 지든 그 결과를 잘 받아들인다.

❿ 나는 친구가 어려운 처지에 놓이면 친구를 위해 나설 수 있다.

점수를 모두 더해 봐. 점수가 10점에서 15점 사이라면, 축하해! 너는 뛰어난 우정의 기술로 자신 있게 친구를 만드는 사람이야. 이 책을 읽고 네 기술을 갈고닦으면서 그 기술을 한 단계 더 높이는 방법을 배우길 바랄게.

16점 이상이 나왔다고? 하지만 걱정할 것 없어. 대부분의 다른 아이들처럼 우정의 기술을 배워서 향상시킬 수 있어.

여기서 우정의 **기술**이라는 단어를 쓴 걸 알아챘을까? 친구를 사귀고, 두터운 우정을 쌓고, 좋은 친구가 되는 건 마치 수영을 하고, 스노보드나 자전거를 타고, 글쓰기를 하고, 게임을 하고, 춤을 추고, 모범생이 되는 것과 같기 때문이야. 연습하면 잘하게 되는 기술이란 뜻이지. 사람을 사귀는 데 타고난 재능이 있는 아이도 있어. 어떤 아이는 친구들을 자석처럼 끌어당기는 것처럼 보여. 네 세뱃돈이 돈을 따로 보관해 주겠다는 부모님을 끌어당기는 것처럼. (그냥 네가 은행에 저금하면 되는데!)

그런데 우정을 쉽게 지키는 아이들조차 연습이 필요하단다. 그리고 **누구나** 더 나아질 수 있어.

심리학자인 선생님은 수많은 아이들과 상담하면서 그 아이들이 더 행복하고 건강하게 사는 법을 찾도록 안내하고 있어. 쉽게 말하면 아이들이 사회적 기술을 키우도록 돕는다는 뜻이지. 그래서 이 책을 쓴 거란다. 선생님은 **네**가 더 행복하고 건강하게 지낼 수 있게 돕고 싶어. 우정이 얼마나 중요한 문제인지, 종종 얼마나 어려운 문제인지 잘 알고 있단다. 너는 이 책에서 선생님이 상담을 통해 만나는 친구들에게 알려 주는 알짜 정보를 배우게 될 거야. 기대하렴!

선생님이 이 책을 쓴 이유가 또 있어. 선생님은 어렸을 때 수줍음이 많았어. 즐겁게 노는 아이들 사이에 낄 용기가 없어서—또는 기술이 없어서—친구를 사귈 기회를 꽤 많이 놓쳤지. 날 좋아하지 않으면 어쩌지? 날 비웃으면? 우리가 사이좋게 못 지내면 어떡하지? 선생님은 친구와의 문제를 해결할 줄도 몰랐어. 하지만 나이가 들면서 그 방법을 배웠단다. 그리고 더 이상은 기회를 놓치고 싶지 않아서 우정의 기술을 개발하고 연습했지. 선생님은 이제 친구가 아주 많아. 새로운 사람을 만날 때는 여전히 수줍음을 타지만 말이야.

너는 친구가 더 많길 바라는 마음에서, 아이들과 친해지는 데 도움을 받고 싶을지도 몰라. 또는 현재의 친구 수에 만족하지만 갈등을 해결하고 사이좋게 지내는 데 조언이 필요할 수도 있어. 또 친구 관계가 좋다고 생각하는데 가끔 소외감이 들거나 외롭거나 혼란스러워서 확신이 없을 수도 있고.

이 책은 이 모든 상황과 그 외 여러 가지 경우에 도움이 될 거야. 너는 친구를 만나고, 친구를 사귀고, 더 좋은 친구가 되고, 말다툼을 정리하고, 서로를 이해하는 방법을 배울 거야. 친구들과 어울릴 때 어떻게 행동해야 하는지, 승부를 잘 받아들이는 사람이 되는 게 얼마나 중요한지, 어떻게 하면 우정을 오랫동안 유지할 수 있는지—네가 원한다면—배울 수 있어. 그리고 친구 관계가 잘 풀리지 않아서 작별 인사를 해야 할 때 우정을 끝내는 방법도 배울 거야. (슬프지만 '관계를 끝내는 것'이 모두에게 좋은 경우가 더러 있거든.)

마지막 장은 '최고로 멋진' 친구—다른 무리의 아이와 친구가 되고, 각양각색의 친구들을 어우러지게 하고, 약자를 괴롭히는 일에 맞서고, 친구가 스스로 긍정적으로 볼 수 있도록 돕는 사람—가 되는 것에 대한 이야기란다. 이런 친구가 바로 리더야. 리더는 누구나 될 수 있어.

지금 당장 도움이 필요한 부분이 있으면 어떤 장이든 편하게 펼쳐 보렴. 이를테면, 친구와 말다툼을 하는데 도무지 해결되지 않을 것 같다면 제7장 '싸움과 상처받은 감정, 그 밖의 우정 문제를 다루는 방법'으로 건너뛰어. 우정의 모든 부분을 잘 이해하고 싶다면 제1장부터 차례로 쭉 읽으면 된단다.

모든 장은 우정에 어려움을 겪는 친구의 이야기 '나라면 어떻게 할까?'로 시작해. 그런데 이 이야기들에는 결말이 없어. 대신 '**나**라면 어떻게 할까?'라고 질문하면서 끝이 나지. 각 장의 이야기를 다 읽고 나면 다시 처음 이야기로 돌아가 너만의 결말을 만들 수 있어.

각각의 장에서 기술과 비결을 배울 수 있도록 몇 가지 특별한 항목도 마련했어.

☑ **실제로 표현하기**
친구를 사귀기 위해 이 책에서 설명하는 기술을 실제 만남에서 어떤 말로 표현하면 좋을지 알려 준단다. 색 글자로 표시되어 있어.

☑ **이렇게 해 봐요!**
배운 걸 연습할 수 있는 작은 활동으로, 일종의 숙제 같은 거야.

☑ **친구의 한마디**
선생님과 함께 작업한 아이들이 전하는 우정 이야기와 조언이야.

☑ **즉석 퀴즈**
각 장의 끝에서 배운 내용을 확인하는 짧은 퀴즈를 풀어 보렴.

이 책이 어떻게 도움이 되었는지 알고 싶어. 친구 관계를 둘러싼 너의 도전과 성공 이야기를 듣고 싶어. help4kids@freespirit.com으로 이메일을 보내거나 아래 주소로 편지를 보내 줘.

Dr. James Crist
c/o Free Spirit Publishing
6325 Sandburg Road, Suite 100
Minneapolis, MN 55427-3674

이 책의 모든 정보는 성별에 관계없이 모두에게 유용해요. 어떤 예에 어떤 성별의 친구가 등장하든 그것은 여러분을 위해 쓴 글이라는 걸 기억하세요.

제1장

친구가 뭐 그리 대단하다고

열 살인 데번은 학교에서 쉬는 시간에 밖으로 나가요. 게임 카드를 챙겨 들고 혼자서 카드놀이를 하지요. 데번은 학교 아이들이 모두 자기를 따돌리는 것 같아서 "괜찮아. 나는 친구가 필요하지 않아."라고 믿어요. 어차피 친구 사귀는 게 잘 되지 않을 테니 노력할 이유가 없다고 생각하는 거예요. 그러나 잠시 후, 데번은 다른 아이들이 술래잡기하고 웃고 장난치는 걸 넌지시 바라봐요. 자신은 상관없다고 애써 말해 보지만 속마음은 반대예요. 매일같이 혼자 노는 건 어려운 일이니까요.

나라면 어떻게 할까?

데번은 매우 불행해 보입니다. 여러분이 데번이라면 어떻게 할까요? 이 장을 읽고 나면 몇 가지 생각이 떠오를 거예요. 이 장의 끝에서 데번의 이야기로 돌아와 결말을 만들어 보세요.

인간은 '사회적 존재'란다. 우리 안에는 사회적인―서로 알아 가고 관계를 맺는―욕구가 들어 있다는 뜻이야. 최초의 인류가 이 땅에 발을 디딘 이래 우리는 공동체를 이루며 살고 있어. 서로를 돌보고, 서로의 곁에 머물고, 서로 사랑하면서 말이야.

태어난 순간부터, 누군가와 함께할 때 더 행복한 것이 우리의 본성이야. 적어도 얼마간은 말이지. 우리는 가족을 통해 그런 관계의 일부를 경험하지만 다른 사람과도 중요한 관계를 맺어. 바로 우리의 친구들이지.

친구란 뭘까?

우리가 친구에게 원하는 것은 각자 달라. 아래에 많은 사람들이 소중하게 여기는 것들이 있어. 다른 항목이 떠오르면 목록에 추가해 보렴.

친구는 함께 _____를 할 수 있는 사람이다.
- 놀기
- 시간 보내기
- 탐험하기
- 이야기하기
- 중요한 소식 나누기
- 웃기
- 울기
- 새로운 것 배우기

친구는 _____도 할 수 있는 사람이다.
- 내가 새로운 것을 배우기
- 문제가 있을 때 내가 지지하기
- 내가 문제가 있을 때 의지하기

친구는 재미있기만 한 게 아니라 도움을 주고, 의지가 되는 존재야. 친구는 너에게 유익하기도 해! 친구가 있는 사람은 아래와 같을 가능성이 더 높거든.

- 더 행복하다
- 학교에서 성취도가 더 높다
- 어른이 되어서 회사에서 더 성공한다
- 더 건강하다
- 더 오래 산다

그래, 수명도 늘어나! 믿기 어렵다고? 놀랍게도 그건 사실이야!

친구가 있으면 뭐가 좋지?

좋은 점은 아주 많아.

우정은 감정을 다루는 법을 배우는 데 보탬이 된단다. 친구가 있을 때는 서로 의견이 달라서 다투고, 감정이 상하고, 일을 그르쳐서 사과하는 것이 흔한 일이야. 친구들은 나눠 갖고, 차례를 지키고, 뭔가를 같이 하고, 타협하는 법도 배워야 해. 이런 걸 제대로 배우면서 어른이 되는 거란다. 세상에서 잘 지내는 법을 배우는 거지. 지금 잘 지내는 방법을 배워 두면 앞으로 더 행복해지는 데 도움이 될 거야.

친구를 사귀고 관계를 지속하다 보면 자신과 남을 견주게 돼. 다른 사람이 너를 어떻게 생각하는지 보고, 그걸 통해 스스로를 알게 된단다. 너는 스스로 똑똑하다고 여기지 않지만, 친구는 뭔가를 분해하고 고치는 네가 멋지다고 생각할 수 있어. 그러면 너도 '아, 내가 똑똑하구나!'라고 느끼게 될 수도 있어. 또는 네가 상대의 말을 듣거나 뭔가 해야 할 때 장난을 친다고 가정해 볼게. 친구는 네 유머 감각을 좋아하지만 집중해야 할 때는 조용히 해 달라고 부탁할 거야. 이를 통해 너는 여러 가지 상황에서 어떻게 행동해야 할지 배우게 되지.

 사람들과 잘 지내는 법을 배우면 다른 면에도 도움이 된단다. 가령, 학교 공부는 잘하지만 선생님들과 사이가 좋지 않다면 학교생활이 힘들어지겠지? 다른 사람의 감정을 상하게 한다는 사실을 까맣게 모른 채, 이성을 잃고 소리를 지른다면 심각한 문제에 휘말릴 수도 있고.

 어른이 되어서도 친구는 여전히 중요해. 필요할 때 도와줄 친구, 차로 이런저런 장소에 데려다줄 친구, 함께 영화를 보러 갈 친구, 생일을 축하해 줄 친구, 농구 한 게임 할 친구, 또는 그냥 이야기를 나눌 친구가 필요하지. 어른 이야기가 나왔으니 말인데, 사람들과 잘 지내는 건 회사를 다닐 때도 중요하단다.

전 세계의 '친구'

다른 나라 언어로 '친구'를 어떻게 말할까요? 다른 언어를 말하는 사람에게 이 단어를 말해 보세요. 그러면 여러분이 이야기 나누고 싶어 한다는 걸 상대방이 알 거예요.

		이렇게 말해요
스페인어	: amigo(남자) 또는 amiga(여자)	아미코 / 아미가
프랑스어	: ami	아미
독일어	: freund	프로인트
이탈리아어	: amico(남자) 또는 amica(여자)	아미코 / 아미카
아랍어	: sadiqi(남자) 또는 sadiqati(여자)	사디키 / 사디카티
러시아어	: drug(남자) 또는 podruga(여자)	드루크 / 포드루가
중국어	: pengyou	펑요
일본어	: tomodachi	도모다치
인도어(힌디어)	: dost	도스트

친구를 사귀고 누군가의 친구가 되려면 어떻게 해야 할까?

너는 사람이 사회적 존재라는 사실을 이미 알고 있어. 그러니 친구를 사귀고 누군가의 친구가 되려면 '사회적 기술'이 필요하다는 것도 이해할 수 있을 거야. 사회적 기술은 우리 모두가 사람들과 잘 지내기 위해 사용하는 다양한 능력과 기법을 말해.

마치 악기를 다루거나, 공을 던지거나, 모범생이 되는 것처럼, 사회적 기술도 학습할 수 있어. 그리고 다른 기술들이 그렇듯, 하룻밤 사이에 대단한 사회적 기술이 생기기를 기대하면 안 돼. 연습을 해야 한단다. 연습할수록 더 나아지니까.

우정에는 자신을 유심히 들여다보는 능력도 필요해. 우정에 문제가 있으면 스스로에게 이유를 물어봐. 그건 어려울 수도 있어. 용기가 필요하지만 그럴 만한 가치가 있고, 너는 충분히 할 수 있단다. 자신에게 솔직해 봐. 너는 수줍음이 많거나 아직 사회적 기술이 부족할 수도 있어. 때때로 다른 아이가 좋아하기 어려운 행동을 할 수도 있고. 어떤 아이들은 우두머리 행세를 하거나 무례하거나 못되게 굴지. 그런 아이들은 공정하게 승부를 겨루지 못하거나, 뭔가를 나눠 갖거나 차례를 지키는 걸 어려워할 수 있어. 친구들과 놀 때 지나치게 거칠게 행동하는 아이들도 있어. 혹시 너도 그런 적이 있니?

　무엇이 문제인지 모르겠다면 믿을 만한 사람에게 물어봐. 부모님이나 선생님, 상담 선생님, 친구도 좋아. 마음을 열고 그 사람이 하는 말을 들어 보렴. 듣다가 감정이 상할 수도 있지만 중요한 첫걸음이란다. 이렇게 하지 않는다면 어떻게 친구를 더 잘 사귈 수 있겠어? 어떤 부분을 고쳐야 하는지 알아야 해.

　네가 어떤 종류의 우정을 원하는지도 생각해 봐야 해. 어떤 아이는 친구가 많은 걸 좋아하지. 그런 아이는 아주 사회적이라 다양한 아이들과 어울린단다. 가까운 친구 몇 명만 있는 걸 선호하는 아이도 있어. 어떤 아이는 절친한 친구가 있고, 어떤 아이는 없어. 어떤 아이는 혼자 있는 걸 싫어해서 여가 시간을 모조리 다른 아이들과 함께 보내지만, 또 어떤 아이는 재충전을 위한 '혼자만의 시간'이 필요해서 친구들과 덜 어울리지. 어느 쪽을 좋아하든 괜찮아. 너는 어느 쪽인지 생각해 봐.

친구의 한마디…

"친구 무리가 있으면 좋지만 무리의 크기가 너무 커지면 소외감이 들기도 해요. 한 무리에 네다섯 명 정도가 제일 좋은 것 같아요."　- 12세, 여자아이

나라면 어떻게 할까?

학교에서 다른 아이들과 어울리는 걸 꺼리는 데번(18쪽), 기억나죠? 데번은 스스로 친구가 필요 없다고, 친구가 없어도 괜찮다고 이야기합니다.

이 장에서는 친구가 왜 중요한지 여러 가지 이유를 살펴봤어요. 여러분은 이제 친구는 여러 방면에서 도움이 되고, 우정은 우리가 성장하는 데 중요한 요소라는 걸 알아요. 누구나 친구를 자연스럽게 잘 사귀는 건 아니라는 사실, 그러나 누구나 더 나아질 수 있다는 사실도 배웠고요.

여러분이 데번이라면 어떻게 할까요? 아마도 데번이 용기를 내서 아이들에게 말을 건넸다면 더 행복해지지 않았을까 생각했을 거예요. 데번이 하면 좋을 말을 생각해 보세요.

즉석 퀴즈

이 장을 읽고 무엇을 배웠는지 짧은 퀴즈를 풀면서 확인해 보세요. 종이를 준비해 답을 적어도 좋습니다.

참 또는 거짓?

1. 친구를 사귀면서 자신에 대해 더 알 수 있다.

2. 친구가 있는 사람들이 더 오래 사는 경향이 있다.

3. 친구를 사귀는 데 어려움을 겪는 사람도 더 나아질 수 있다.

4. 내가 우정을 쌓기 어렵게 행동하는지 다른 사람들에게 물어보는 것은 도움이 된다.

5. 진정한 '사회적 기술'은 '사회적 기술 깨부수기(Social Skillz Crush)'라는 온라인 게임을 하면서만 익힐 수 있다.

결과

1번부터 4번까지 정답은 **참**입니다. 5번 문제의 정답은 **'당연히 아니다!'** 예요.

새로운 친구를 만나고 사귀는 열 가지 단계

열두 살 사샤는 날마다 점심시간에 혼자 앉습니다. 같은 반 아이들과 점심을 같이 먹고 싶지만 비어 있는 자리가 없고, 같이 먹자고 부르는 사람도 없어요. 잠시 후 사샤는 마침내 용기를 내서 한 탁자로 다가갑니다. 하지만 그쪽에 앉은 아이들은 모두 웃고 떠드느라 정신이 없어요. 빈자리가 하나 있지만 다른 아이들의 대화를 끊고 끼어들어서 앉아도 되는지 물어보려니 겁이 납니다. 사샤가 그냥 서 있으니 아이들이 빤히 쳐다보기 시작해요. 사샤는 못난이가 된 기분이 들고, 뭘 어떻게 해야 할지 생각이 나지 않습니다.

나라면 어떻게 할까?

사샤는 아이들이 앉으라고 권할 때까지 기다려야 할까요? 같이 앉아도 될지 물어봐야 할까요? 그냥 앉으면 될까요? 아니면 포기하고 돌아서야 할까요?

이 장 끝에서 우리는 사샤에게 돌아올 거예요. 이 장을 읽으면서 새로운 생각이 떠오르는지 살펴보세요.

친구를 사귀는 일은 일상에서 갖는 다른 목표와 매우 비슷하단다. 목표를 작은 단위 또는 단계로 나누면 이루기가 조금 쉬워져. 이 장에서는 자신 있게 새로운 친구와 친해지는 방법을 알아볼 거야.

1단계 알맞은 장소에 가기

새로운 친구를 사귀는 첫걸음은 친구를 만날 수 있는 장소를 발견하는 거야. 주변을 둘러봐! 교실에서, 교회나 성당, 절에서, 동네에서, 운동 팀에서, 방과 후 수업에서, 놀이터에서—아이들이 있는 곳이라면 어디서든—새 친구를 사귈 수 있어. 부모님의 친구에게도 네 또래 아이가 있다면 부모님께 다른 가족과 만나는 자리를 만들어 달라고 부탁해 봐. 관심거리가 비슷한 아이들을 만날 방법은 아주 많단다.

새 학년 첫날 또는 동호회나 운동 팀, 각종 모임의 첫 번째나 두세 번째 만남은 새로운 친구를 사귀기 좋은 때란다. 모든 사람이 대부분 서로 알지 못하니까 마음을 열고 새로운 사람을 만나기 때문이야.

★ 이렇게 해 봐요!

친구를 아주 잘 사귀는 아이들을 살펴보세요. 어떤 아이는 친구 관계에 천부적인 재능이 있는 듯합니다. 사교적이지 않고는 못 배기죠. 어쩌면 재미있거나, 말하기를 좋아하거나, 운동을 잘하거나, 단순히 친절한 아이인지도 몰라요. 이런 아이를 관찰하면 친구를 사귀는 데 좋은 아이디어를 얻을 수 있어요.

주의 깊게 보세요.
— 어떻게 사람들에게 인사하는지
— 무슨 이야기를 하는지
— 어떻게 문제를 해결하는지
— 어떻게 상대의 말에 반응하는지
— 얼마나 자주 사람들에게 말을 하는지
— 얼마나 자주 웃는지

관찰하면서 그 아이의 행동에서 배울 점이 무엇인지 생각해 보세요. 무조건 따라 하지는 말고 아이디어를 얻어 여러분에게 맞는 것을 찾으세요.

2단계 공통 관심사 확인하기

다음 단계는 공통점을 지닌 아이를 찾는 거야. 같이 좋아하는 게 별로 없다면 나중에는 함께 이야기하거나 활동할 게 많지 않아. 그러면 친구가 되지 못하거나, 친구가 되어도 가까운 친구로 남기는 어려울 거야.

아이들을 만난 장소를 보면 너와 공통점이 무엇인지 실마리가 보여. 예를 들어, 체스 동호회라면 다들 체스를 좋아할 가능성이 높지. 기회를 봐서 팀원들과 게임 이야기를 해 보렴. 게임 사이의 시간 또는 게임 중이라도 팀원들에게 말을 걸어 봐. 잘할 때 응원하거나 잘 못할 때 격려하는 것도 서먹한 분위기를 깨는 좋은 방법이란다.

음악, 텔레비전 프로그램, 컴퓨터 게임, 재미있는 웹 사이트, 책, 스포츠, 악기에 대한 취향 같은 관심을 서로 나눌 수도 있어. 아이들이 무엇에 대해 이야기하고 무엇을 하는지 잘 들어 보렴. 누군가를 알아 가는 좋은 방법이니까.

때로 우정은 같이 재미있게 놀면서 시작되기도 한단다. 공통점은 나중에 찾으면 돼. 뭔가를 하며 노는 아이들과 함께하고 싶다면, 편을 바꿀 때처럼 놀이가 잠깐 멈추는 시간을 기다렸다가 끼어도 될지 짧게 물어봐. 다음과 같이 말할 수 있어.

"나 껴도 돼?"
"혹시 한 명 더 필요해?"
"나도 같이 놀아도 될까?"

그 아이들이 좋다고 하면 "고마워!"라고 말하고, 네가 누구인지 모두에게 소개해. 만약 게임을 한다면 게임에 집중해. 그때는 함께 게임을 하는 아이들을 알아 가기 좋은 때가 아니야. 나중에 기회가 올 거야. 게임이 끝나면 함께 놀게 해 줘서 고맙다는 인사를 꼭 하렴. 물론 승부의 결과는 잘 받아들여야 해. (승부를 인정하는 것에 대한 자세한 내용은 제4장을 읽어 봐.)

네가 함께 놀자고 할 때 그 아이들이 싫다고 할 수도 있어. 게임에 한 사람을 추가할 여지가 없거나 이미 시작된 게임에 새로운 사람을 넣기 싫을 수도 있으니까. 그렇게 돼도 낙담하거나 뿌루퉁하게 굴지 마. 그런 행동은 전혀 도움이 되지 않아. 그냥 "그래, 나중에 한 사람 더 필요하면 알려 줘. 재밌게 놀아!"라고 말하면 돼.

화내지 않고 '싫다'는 말을 받아들이면 아이들은 네가 거절을 감당할 수 있다는 사실을 알게 되지. 네가 생각이 깊고, 폭발하거나 토라지지 않고 정정당당하게 게임을 할 능력이 있단 걸 보여 준 거야. 그러면 아이들은 다음에 너와 게임을 하고 싶어 할 거야.

★ 이렇게 해 봐요!

새로운 사람이나 무리에 다가갈 때 마음을 졸이는 건 지극히 자연스러운 일이에요. 배가 아프거나 손이 떨릴 수도 있어요. 이것은 불안 또는 긴장의 신호예요. 긴장될 때 마음을 가라앉히는 두 가지 방법을 소개할게요.

심호흡

집에서 이렇게 연습해 보세요. 코로 숨을 들이쉬고 입으로 내뱉는 심호흡을 다섯 번 반복하세요. 이렇게 하면 마음을 진정하는 데 도움이 되고 긴장감을 덜게 돼요. 일단 요령을 터득하면 여러 아이들이 있는 곳에 나서기 전에 이 방법을 쓸 수 있어요.

자기 격려

스스로에게 못 할 거라는 말 대신 격려의 말을 하세요. 연구에 따르면 자기 자신에게 긍정적인 말을 할 때 자신감과 자존감이 높아진다고 합니다. 자신에게 이렇게 말해 보세요.

— 난 이걸 할 수 있어!
— 난 최선을 다할 거야!
— 일어날 수 있는 최악의 상황이라고 해 봤자 저 애들이 싫다고 거절하는 거야. 난 괜찮아.
— 나는 좋은 친구야.

3단계 인사하기

친해지고 싶은 아이를 찾았다면 인사를 나눌 시간이야. 네가 수줍음이 많으면 아마 이 부분이 가장 어려울 거야. 어떻게 대화를 시작할지 생각해 두면 조금 수월하단다. 미리 연습하는 것도 도움이 되지.

계획은 거창할 필요 없어. 가볍게 "안녕!"이라는 인사로 시작해 봐. 상대를 보고 웃으면서(웃음이 빠지면 안 돼!) 인사하는 건 네가 상냥한 사람이라는 걸 나타낸단다. 보는 사람도 기분이 좋아질 거야.

가끔은 말이 필요 없을 때도 있어. 가볍게 고개를 끄덕이는 것

> ★ **이렇게 해 봐요!**
>
> 날마다 몇몇 사람에게 인사를 하기로 정해 보세요. 복도에서 만난 아이에게, 교실에 들어가서 선생님께, 버스에 타서 기사님께, 가게 계산대에서 점원에게, 집에 들어서면서 부모님께, 길을 걷다가 이웃에게 인사를 건네요. 주인과 산책하는 개들에게 인사할 수도 있어요! "안녕하세요?"라는 인사 뒤에 "요즘 어때(요)?" "어떻게 지내(세요)?" "별일 없지(요)?" 같은 말을 덧붙이면 더 좋아요.

만으로도 상대를 봤다는 걸 충분히 알릴 수 있어. 손을 흔들고, 상대와 하이파이브를 하거나 주먹을 맞대는 행동으로 인사를 나눌 수도 있어. 이런 인사를 하면 상대는 네가 자기를 만나서 기쁘다는 사실을 알게 돼. 어떤 방법으로 인사하든 눈을 마주치는 걸 잊지 마. 그건 네가 친절한 사람이고 상대에게 관심이 있다는 중요한 신호니까.

누군가에게 다가가기 전에 상대가 무엇을 하는지, 누구와 이야기하는지 눈여겨보는 게 좋아. 상대가 상냥한지 아닌지 살펴보렴. 상냥한 사람들은 많이 웃는단다. 그다지 상냥하지 않은 사람들은 서로 다투거나 놀리지.

이제 상대에게 다가갈 차례야. 아이들이 무리를 이뤄 이야기를 나누고 있다면 근처에서 기회를 기다리렴. 한창 이야기 중일 때는 방해하지 말고. 대화가 중단될 때, 최소한 몇 초간이라도 아무도 말하지 않는 때를 기다려야 해. 누군가 너를 보거나 미소를 짓는다면 이야기를 나눌 여지가 있다는 좋은 신호야.

> **친구의 한마디…**
>
> "여자애 둘이 날씨 이야기를 하면서 내일 학교에 안 가도 되면 좋겠다고 말하는 걸 들었어요. 나는 눈이 왔으면 좋겠다고 했는데 우리는 그걸로 내기를 했고 친구가 됐어요." – 9세, 여자아이

누군가 혼자 있다면 다가가서 말을 걸기 좋은 때란다.

자기소개는 아주 간단해. 네 이름을 말하고, 상대방의 이름도 물어봐. 단순한 게 좋아. "안녕, 내 이름은 알렉스야. 네 이름은 뭐야?" 상대의 이름을 들으면 그 이름을 부르며 말해 봐. "안녕, 제니. 만나서 반가워!"

4단계 ▶ 대화 시작하기

이제 이야기를 나눌 시간이야. 벌써 대화 중인 아이들이 있다면 최대한 그 대화와 관련 있는 이야기를 해 봐. 이미 시작된 대화에 동참하는 게 대화를 여는 쉬운 방법일 때도 있거든.

새로운 대화를 시작하려면 적당한 때와 장소를 골라야 해. 종이 울리기 직전 복도나 수업과 수업 사이에는 이야기를 많이 할 수 없어. 시간이 충분하지 않으니까. 점심시간이나 쉬는 시간, 수업이 시작되기 한참 전이나 끝난 후가 이야기하기 좋은 때란다.

아래에 대화를 시작하기 좋은 몇 가지 이야깃거리를 소개할게.

- 날씨
- 최근에 한 재미있는 일
- 운동회나 학예 발표회 같은 특별한 학교 행사
- 일요일에 본 축구 시합 같은 운동 경기
- 방문했던 장소
- 반려동물(개, 고양이, 물고기, 타란툴라 등)
- 곧 하려고 계획한 일이나 가려는 장소
- 좋아하는 놀이, 음식, 장소, 텔레비전 프로그램, 운동

이렇게 해 보면 어떨까? 뭔가를 말해도 좋고, 질문을 해도 좋아. 다음과 같은 방법으로 시도해 보렴. 대화를 시작하는 연습을 많이 할수록 점점 더 쉬워질 거야.

"이제 비가 안 와서 진짜 다행이야."
"수학 시험 어땠어? 난 어렵더라."
"일요일에 하키 게임 봤어?"
"어떻게 지내?"
"새로운 일 없어?"
"뭐 하면서 지냈어?"
"최근에 재밌는 일 뭐 있었어?"

친구의 한마디…

"혼자 있는 아이를 보면, 특히 그 애가 새로 온 학생이라면 나는 그 옆에 앉아서 나랑 친구가 되겠냐고 물어봐요. 곁에 있어 주는 거죠." — 9세, 남자아이

"별일 없지?"
"주말에 뭐 했어?"
"강아지 귀엽다. 이름이 뭐야?"

대화할 때 요령을 한 가지 더 소개할게. 상대방과 일정한 거리를 지켜야 해. 사람들은 대부분 이야기할 때 상대방과 팔 길이 정도의 거리를 유지한단다. 너무 가까이 다가가면 상대의 개인 공간을 침범해서 상대가 불편해할 수 있어.

★ 이렇게 해 봐요!

학교나 종교 모임, 동호회 모임에 가면 모르는 사람에게 자기소개를 해 보세요. 수업(또는 모임) 전이나 후는 모두 좋은 때입니다. 수업 중에 이야기를 해도 되는 자유 시간이 있다면 그때도 좋겠죠. 수업에서 자기소개를 해 두면 다음에 대화를 시작하기가 훨씬 쉬워요.

5단계 상대방에 대해 묻기

누군가와 대화를 시작하면, 다음은 서로에 대해 좀 더 알아 갈 차례야. 질문을 통해 상대를 알아 가는 건 어떤 면에서는 기자나 면접관이 되는 것과 비슷해. 상대에게 관심이 있다는 걸 내보이면서도 상대가 편하게 말할 수 있게 해야 하니까.

아래에 상대방을 알아 갈 때 할 수 있는 몇 가지 좋은 질문을 소개할게.

"취미가 뭐야?"
"제일 좋아하는 텔레비전 프로그램은 뭐야?"
"어떤 게임을 좋아해?"
"운동하는 거 있어?"
"어디 살아?"
"제일 좋아하는 음식이 뭐야?"
"밴드에서 활동해? 무슨 악기 연주해?"
"학교 다니는 거 좋아? 좋아하는 과목은 뭐야?"

상대가 너와 공통점이 있다면 대화를 이어 가기 쉽지. "나도!"라고 말하고 그 주제로 이야기를 나누면 돼. 곧바로 공통점을 발견하지 못하면 질문을 계속해 봐. 하지만 너무 질문만 하면 안 돼. 반드시 질문과 의견을 잘 섞어서 말해야 해. 아래의 예처럼 말이야.

유진: 운동하는 거 있어?
에런: 응, 축구.
유진: 멋지다. 축구도 재밌지만 난 야구를 더 좋아해.
에런: 야구도 좋지. 어떤 팀에서 뛰어?
유진: 우리 학교 팀. 너는 어떤 축구팀에서 운동해?
에런: 썬더 팀. 야구는 얼마나 오래 했어?
유진: 이제 4년 됐어.
에런: 우와, 오래 했네. 포지션이 뭐야?
유진: 유격수랑 투수. 너는?
에런: 난 주로 골키퍼랑 날개 공격수야.

대화가 오가는 방식을 살펴보렴. 이렇게 대화가 지속되는 거야. 아이들이 서로에게 하는 좋은 말도 눈여겨봐("우와!"와 "멋지다!"). 격려하는 말을 하면 상대는 대화에 계속 흥미를 느끼게 돼.

또 다른 방법은 누가, 무엇을, 언제, 어디서, 왜, 어떻게와 같은 말로 질문을 하는 거야. 이렇게 하면 친해지고 싶은 아이를 많이 알아 갈 수 있어. 아래의 예를 볼까?

"주로 **누구**랑 놀아?"
"이번 주말에 **뭐** 할 거야?"
"지난 주말에 **어디** 갔다 왔어?"
"**언제** 처음 동아리를 시작했어?"
"**왜** 태권도를 배우기로 한 거야?"
"**어떻게** 그렇게 피아노를 잘 치게 됐어?"

★ 이렇게 해 봐요!

새로운 친구와 이야기할 때나 오래된 친구와 이야기할 때, 아래에서 이야깃거리를 하나 골라서 상대가 제일 좋아하는 게 뭔지 질문해 보세요. 상대가 대답하면 이유도 물어보세요. 상대의 말문을 여는, 그리고 상대에 대해 더 잘 알 수 있는 재미있는 방법입니다.

제일 좋아하는 _____이/가 뭐야?

- 동물
- 과일
- 운동
- 텔레비전 프로그램
- 게임
- 가수나 그룹
- 영화나 공연, 책 속 등장인물
- 장소
- 학교 과목
- 취미
- 책

6단계 자신에 대해 말하기

질문을 하고 상대의 대답에 의견을 말하는 게 편해지면 자신에 대해 말할 준비가 된 거야. 의견을 말할 때는 주제에서 벗어나지 않게 하렴. 예컨대, 점심시간에 모인 아이들이 쉬는 시간에 피구하는 이야기를 하는데 네가 끼어들어서 좋아하는 게임 이야기를 하면 다른 아이들은 어리둥절하겠지? 그보다는 피구에 대한 대화를 덧붙여 봐. 아니면 대화가 중단되는 때를 기다렸다가 새로운 화제를 꺼내도 좋아.

상대가 거절한다면?

아이들이 여러분에게 싫다는 말을 할 때도 있을 거예요. 여러분의 컴퓨터 게임 이야기를 듣기 싫어하거나, 여러분과 함께 팔찌를 만들고 싶지 않다고 말할 수도 있어요. 집으로 초대했는데 거절하거나, 발야구에 여러분을 끼워 주지 않을지도 몰라요.

실망스럽고, 때로는 화도 나겠죠. 마음이 상하기도 하고요. 하지만 다행스러운 소식이 있습니다. 대부분의 경우 아이들은 "좋아!"라고 말할 거란 사실이에요. 다시 시도하면 돼요. 누가 여러분의 제안을 거절한다 해도 다음 기회가 있다는 걸 기억하세요. 나중에 또는 다른 사람에게 제안하면 됩니다. 심호흡을 하고 "그래, 다음에 하지 뭐. 나중에 봐!"라고 말하세요. 긍정적인 태도를 유지하고, 아이들에게 계속 물어보세요.

다른 아이들이 무슨 이야기를 하는지 들으면 공유할 수 있는 공통 관심사가 무엇인지 더 잘 알 수 있어. 너와 아이들 모두가 좋아하는 것에 대해 먼저 이야기해 봐. 이렇게 하면 너와 아이들 사이에 친근감이 생겨. 나중에는 네가 좋아하는 것을 더 공유하면서 다른 아이들도 관심이 있는지 살펴보렴. 잘 모르겠으면 물어봐. "내가 매일 어떤 운동하는지 들어 볼래?" 이렇게 질문하면서 상대에게 싫다고 말할 기회를 주는 거지. 거절당하더라도 기분 나쁘게 받아들이지 말고 그냥 다른 화제로 넘어가면 돼.

서로 다른 걸 좋아해도 괜찮아. 관심사가 다른 친구가 있을 때 좋은 점은 그 친구가 아니었다면 알지 못했을 새로운 것들을 배우게 된다는 거야.

네 자신의 이야기를 하다 보면 상대가 너에 대해 더 알게 돼서 친해질 수 있어. 그러나 자기 이야기를 지나치게 많이 하거나 대화를 '독차지'하면 안 돼. 자기 이야기를 조금 한 다음에는 상대방에 대한 질문으로 돌아가는 게 좋아.

7단계 ▶ 상대의 반응 알아차리기

　대화를 할 때 가장 중요한 것은 상대가 네 말에 흥미가 있는지 확인하는 거야. 흥미를 느낀다는 신호는 다음과 같아.

- (눈을 바라보면서) 시선을 마주친다.
- 미소를 짓는다.
- 내 이야기에 질문을 한다.
- 기대나 열의를 보인다.
- 내 이야기와 비슷한 내용을 나눈다.

　이런 반응을 보인다면 상대도 대화를 즐기고 있다는 뜻이란다. 잘된 일이지. 계속 그렇게 하면 돼!
　다음은 상대가 네 말에 관심이 없을 수도 있다는 신호야.

- 하품을 한다.

- 내가 말할 때 먼 산을 본다.
- 화제에 대해 아무 말이 없거나 질문을 하지 않는다.
- 시계를 확인한다.
- 자리를 피하거나 다른 사람에게 이야기한다.

대화 상대가 이런 행동을 하면 상대가 이야기에 흥미를 느끼는지 확인해야 해. "다른 이야기 할까?"라고 물어보렴. 네가 먼저 나서서 상대가 좋아하거나 즐겨 하는 것을 물으면서 화제를 돌릴 수도 있어. "혹시 주말에 무슨 계획 있어?" "어제 그 선생님 어떤 것 같아?" 같은 질문으로 말이야.

대화를 전환하는 좋은 방법을 아래에 소개할게.

"요즘 넌 별일 없어?"
"그래서 넌 어떻게 지냈어?"
"넌 무슨 이야기 하고 싶어?"
"나만 너무 많이 말해서 미안. 넌 요즘 무슨 일 없어?"

네가 질문을 하고 상대가 하는 이야기에 관심을 보이면 상대방은 대화를 즐기게 될 거야. 네게 또 이야기하고 싶어 할 가능성이 크지.

★ 이렇게 해 봐요!

말할 때 상대방의 눈을 보는 건 중요한 사회적 기술입니다. 상대의 말에 흥미를 느낀다는 걸 보여 주는 행동이니까요. 여러분이 누군가와 이야기를 나누다가 방 안을 둘러본다면—특히 상대방이 말할 차례일 때—상대는 여러분이 대화에 관심이 없다고 여길 겁니다.

눈을 마주치기 어려워하는 사람도 있습니다. 혹시 여러분도 그렇다면 상대방의 양쪽 눈을 동시에 바라보지 말고 그냥 한쪽 눈만 보세요. 그러면 조금 나을 거예요. 코를 보는 것도 괜찮아요. 부모님이나 형제자매와 연습해 보세요.

8단계 대화 이어 가기

일단 이야기가 시작되면 다음 단계는 대화를 이어 가는 거야. 이건 연습이 좀 더 필요해. 자기 이야기와 상대에게 하는 질문을 균형 있게 배분해야 하거든. 자기 이야기를 너무 많이 늘어놓아도 안 되고, 상대에게 질문 폭격을 해서도 안 돼.

'뜨거운 감자'라는 오래된 게임이 있어. 뜨거운 감자를 받으면 잠깐 들고 있다가 옆 사람에게 넘기는 거야. 화상을 입기 전에! 이 게임에서는 감자를 떨어뜨리면 안 돼. 누군가와 이야기하는 것도 비슷하단다. 대화가 네게 넘어오면—누군가 네게 질문할 때처럼—그걸 받아서 재빨리 상대에게 던져야 해. 다시 말해, 대답이나 질문으로 이야기를 이어서 대화 감자를 떨어뜨리지 않아야 하는 거지!

어떤 식인지 한번 볼까?

애비: 잭, 안녕? 어떻게 지내?
잭: 아주 잘 지내. 밴드 연습 가려던 참이야.
애비: 그래? 어떤 악기를 연주하는데?
잭: 바리톤.
애비: 멋지다! 어려워?

잭: 뭐 약간. 근데 난 좋아해. 너도 악기 연주해?

애비: 난 합창단에서 활동해.

잭: 와, 멋지다. 얼마나 오래 한 거야?

애비: 올해가 첫해야. 내년엔 밴드로 옮길까 싶어.

잭: 나 가 봐야겠다. 호프먼 선생님은 늦는 걸 싫어하시거든.

애비: 다음에 봐!

애비가 어떻게 질문하고 잭이 대답한 후에 어떻게 다음 질문을 이어 가는지 보았니? 그러고 나서 잭이 질문("너도 악기 연주해?")을 하자, 이번에는 애비가 대답을 하지.

고개만 끄덕하는 걸로 뜨거운 감자를 넘길 수 있는 때도 종종 있어. 누군가 이야기를 할 때 끄덕이는 건 그 사람의 말을 이해한다는 걸 나타내. 상대의 말에 동의하거나, 단순히 듣고 있다는 걸 뜻하기도 하고. 상대가 계속 이야기하도록 북돋는 역할도 한단다.

친구가 하는 말을 주의 깊게 들으면 감자를 넘기기가 쉬워. 상대가 말하는 동안 딴생각을 하거나 두리번거리면 뭔가를 놓치게 돼.

그러면 다음에 이어지는 네 대답은 앞에서 상대가 한 말과 맞지 않을 거야. 상대방은 네가 제대로 듣고 있지 않은 것에 마음이

상할지도 몰라.

산만해지지 않는—그리고 네가 듣고 있다는 걸 상대에게 **알릴**—좋은 방법은 네가 말하지 않을 때도 대화를 **적극적으로** 거드는 거야. 상대가 네 질문에 답하면 맞장구를 치는 거지. 이렇게 하면 대화를 계속 이어 갈 수 있어. 상대는 네가 듣고 있다는 사실을 알게 되어 기분이 좋아지고.

그냥 고개를 끄덕이면서 "응" 하고 말하는 것으로 충분할 때도 있지만, 한 걸음 더 나아가 적극적으로 말을 덧붙일 수도 있어. 반드시 말투에 열정을 담아야 해. 예를 들어 볼까?

"우와!"
"멋지다!"
"대단해!"
"좋네!"
"설마!"
"재밌겠다."
"더 이야기해 줘."

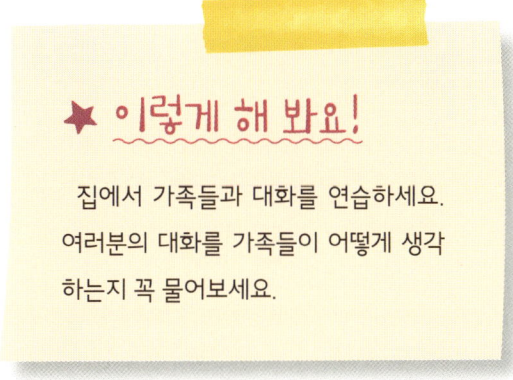

★ 이렇게 해 봐요!

집에서 가족들과 대화를 연습하세요. 여러분의 대화를 가족들이 어떻게 생각하는지 꼭 물어보세요.

9단계 ▶ 무리의 대화에 참여하기

무리의 대화에 참여하기가 일대일 대화를 시작하기보다 어려울 때도 종종 있어. 점심시간에 탁자 앞에 앉아 있는데 아이들이 각자 좋아하는 게임이나 영화에 대해 이야기한다면, 어떤 순간에는 모두가 동시에 말을 하기도 한다면 어떨까? 그럴 때는 언제 끼어들어야 할지, 잠자코 들어야 할지 고민할 수 있어. 너무 오랫동안 가만히 있으면 다른 사람이 치고 들어올 테고, 누군가 이야기하는 도중에 말을 시작하면 무례해 보일 거야.

★ 이렇게 해 봐요!

아이들에게 말할 때 긴장되면 동물 인형이나 반려동물과 말하는 걸 연습하세요. 아이들과 말하는 걸 상상하면서 대화 속의 모든 목소리를 내 보는 겁니다. 자기소개와 질문, 칭찬, 작별 인사까지요. 동물 인형은 여러분의 말이 어떻게 들리는지 신경 쓰지 않으니 편안하게 생각해도 됩니다. 부모님과 연습해도 좋아요.

거울을 보면서 거울 속 자신에게 말하는 방법도 있습니다. 이렇게 하면 여러분이 말할 때 어떤 표정인지 볼 수 있어요. 친근한 미소를 짓고 있나요, 아니면 얼굴을 찌푸리거나 도끼눈을 뜨고 있나요? 잘 모르겠다면 믿을 만한 어른에게 도움을 청하세요.

끼어들기 가장 좋은 때는 대화가 진행되다가 잠깐 침묵이 흐르는데 네가 다른 사람의 이야기와 관련해 보태고 싶은 말이 있을 때야. 말을 꺼내기 전에 몇 초 기다리렴. 목소리가 작은 편이라면 다른 아이가 들을 수 있도록 크게 이야기하자.

10단계 작별 인사 하기

머지않아 대화를 끝낼 때가 온단다. 어느 정도 이야기를 나눠서 딱히 할 말이 더 생각나지 않을 수도 있어. 괜찮아. 대화는 영원히 계속되는 게 아니니까. 하지만 작별 인사 하는 걸 잊지 마. 인사도 없이 가 버리는 건 예의 바른 행동이 아니야. 자리를 뜬다는 걸 상대에게 알리고, 즐겁게 대화를 나눴다는 사실을 상대가 알 수 있도록 친근하게 한마디 건네 보렴.

예를 들어 볼게.

"다음에 봐!"
"가야겠다. 너랑 이야기하는 거 재밌었어."
"다음에 또 봐."
"내일 이야기하자."

"하루 잘 보내."
"나중에 또 만나."
"안녕, 내일 봐!"

반드시 대화가 잠깐 멈출 때를 기다려야 해. 상대가 작별 인사를 하는 도중에 말을 끊지 말고. 미소를 짓는 것도 기억하렴!

나라면 어떻게 할까?

28쪽에서 만난 사샤를 기억하죠? 사샤는 힘든 상황에 놓여 있습니다. 다른 아이들의 점심 식사 자리에 함께하고 싶지만 아무도 사샤에게 앉으라는 말을 하지 않아요. 사샤는 어떻게 해야 할까요?

이 장에서 솜씨 좋게 대화에 참여하는 요령을 여러 가지 배웠습니다. 배운 걸 이용해서 사샤가 만족할 만한 이야기를 만들어 보세요.

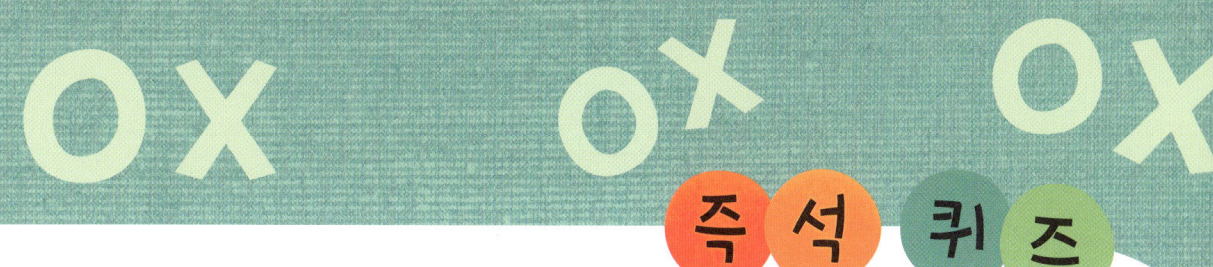

이 장에서 무엇을 배웠는지 볼까요?

참 또는 거짓?

1. 고개를 끄덕이면 내가 상대의 말에 관심 있다는 걸 알릴 수 있다.

2. 혼자서만 말해도 괜찮다.

3. 똑같은 관심사를 나누는 아이들하고만 친구가 돼야 한다.

4. 내가 말할 때 상대가 눈길을 돌리면 대화에 흥미가 없다는 뜻일 수 있다.

5. 다른 아이들을 살펴보면 친구를 사귀는 법을 배울 수 있다.

6. 말할 때 상대의 눈을 보는 건 상대를 겁주어 쫓아 버리는 행동이다.

결과

1. **참.** 그렇다고 고개를 너무 많이 끄덕이진 마세요!

2. **거짓.** 여러분이 혼자서만 이야기하면 상대방은 재미가 없습니다.

3. **거짓.** 관심사를 공유하면 친구가 되기 쉽지만, 관심사가 다른 친구가 생기면 새로운 걸 배울 수 있어요.

4. **참.** 상대에게 질문을 하거나 대화를 끝낼 때가 된 건 아닌지 생각해 보세요.

5. **참.** 다른 사람들이 하는 걸 보면 새로운 기술을 배울 수 있어요.

6. **거짓.** 눈을 바라보면 상대는 여러분이 주의를 기울이고 있다는 사실을 알게 됩니다.

▶▷ 다음 장에서는 더 많은 사회적 기술을 배워 봅시다.

우정을 쌓는 일곱 가지 비결
(그리고 우정을 해치는 네 가지 실수)

하루는 기분 좋게 5학년을 시작했어요. 친구를 두 명이나 새로 사귀었거든요. 도서관에 가는 길이나 쉬는 시간에 종종 그 친구들과 이야기를 나누었어요. 그런데 몇 주 후, 친구들이 쉬는 시간에 하루를 찾지 않고, 도서관에도 같이 가지 않는 겁니다. 하루에게 화가 난 건 아니지만 뭔가 관심이 시들해진 것 같았어요. 하루는 잊지 않고 인사를 하고, 친구들을 알아 가려고 질문도 했어요. 그런데 뭘 어떻게 해야 친구들과 더 친해지고 싶은 마음을 전할 수 있을지 모르겠습니다.

나라면 어떻게 할까?

하루는 이미 기본적인 우정의 기술을 지니고 있지만 자신이 좋아하는 아이들에게 더 좋은 친구가 되려면 다른 기술을 좀 더 익혀야 할 듯합니다. 이 장을 읽고 하루가 시도해 볼 만한 사회적 기술을 알아보세요.

우정의 초기 단계에는 서로에 대해 알아 가게 돼. 신나는 일이지만 아직은 서로에게 진짜 가까운 친구는 아니야. 우정을 쌓으려면 친절하고, 정직하고, 재미있고, 도움이 되면서도 자신답게 행동해야 해! 다시 말해서, 친구를 **만들고** 싶으면 네가 먼저 친구가 **되어야** 한다는 뜻이야.

이 장에서는 우정을 쌓는 비결과 피해야 할 몇 가지 실수에 대해 살펴볼 거야.

비결 1 ▸ 나누기

껌이나 간식을 권하는 행동은 상대를 배려한다는 걸 보여 준단다. 챙겨 주는 모습을 보이면 상대도 기분이 좋아져. 누군가 네

간식에 대해 묻는 건 먹어 보고 싶다는 뜻일 수 있어. 나눠 먹는 건 좋은 생각이지. 상대는 거절하더라도 네가 물어봐 줘서 기쁠 거야. 연필이나 펜, 스티커를 나눠 주거나 게임을 하게 해 줄 수도 있어. 게임을 해 보게 하는 건 상대와 친해지는 좋은 방법이니 "한번 해 볼래?"라고 물어보렴.

비결 2 돕기

아이들을 돕는 건 배려를 표현하는 또 다른 방법이야. 사람들은 도움이 되는 사람을 곁에 두고 싶어 한단다. 친구를, 또는 누구라도 도울 기회를 찾아봐! 뭔가를 나르느라 애쓰는 아이, 물건을 떨어뜨린 아이, 문을 잘 못 여는 아이, 당황하거나 화나 보이는 아이를 도우면 좋겠지. 상대를 돕기 전에 도움을 받고 싶은지, 어떻게 해 주면 좋을지 반드시 물어봐야 해. (도움을 바라지 않거나 남의 도움 받는 걸 불편해하는 아이도 있으니까.)

이렇게 이야기해 볼까?

"문 여는 걸 도와줄까?"
"내가 도와줄까?"

"화가 난 것 같은데, 너 괜찮아?"
"무슨 일이야? 도움이 필요해?"
"수학 숙제 진짜 어렵더라. 내가 도와줄까? 난 이해했어."

누군가를 돕고 나서 상대가 고맙다고 하면 "고맙긴 뭘!" 또는 "별거 아냐!"라고 말해.

비결 3 순서 양보하기

이건 친구가 되는 데 매우 중요한 부분이야. 최대한 상대에게 순서를 양보해 봐. 이렇게 하는 건 언제나 깍듯한 행동이라서 상대는 대개 기분이 좋아져. 어렵더라도 이렇게 하면 잘못될 리가 없어!

친구가 순서를 양보하면 잊지 말고 "고마워!"라고 말해.

비결 4 칭찬하기

칭찬을 마다할 사람이 있을까? 누군가를 칭찬하는 건 그 사람의 좋은 점을 발견했다는 뜻이야. 그러면 칭찬을 받은 아이는 자신에 대해 긍정적인 감정이 생기고, 자신의 장점을 알아준 사실을 고맙게 여길 거야!

　좋은 칭찬의 핵심은 칭찬이 구체적이어야 한다는 거야. 칭찬할 점을 알아차리려면 그만큼 상대에게 세심하게 관심을 기울여야 해. 상대가 지닌 기술이나 특성, 성취한 일을 칭찬하면 돼. 반드시 진심으로 좋아하는 점을 골라야 해. 빈말을 하면 아이들은 대부분 눈치를 채고, 그렇게 되면 너에 대한 신뢰가 낮아질 수 있어.

　예를 들어 볼게.

"운동화 예쁘다."
"너 오늘 배구 정말 잘하더라."
"그 농담 진짜 웃겼어!"
"우와, 너 맞춤법 시험에서 95점 받았어? 대단하다!"
"머리 예쁘게 잘랐네."
"오늘 네가 리엄 편들어 준 거 멋있었어."
"우와, 너 정말 빠르구나!"

가족에게, 친구에게, 선생님께, 친구가 되고 싶은 사람들에게 적어도 하루에 하나씩 칭찬을 해 보렴. 집에서 연습하면 친구들에게 칭찬하기가 더 쉬워질 거야. 가족들과 더 잘 지내는 데도 도움이 될 테고.

주의할 점! 겉모습에 너무 집중하면 사람들이 불편해할 수 있어. 성별이 다른 상대일 경우에는 특히 더 그렇단다. 외모에 대한 칭찬은 이미 좋은 친구가 된 아이들에게 하는 편이 좋아.

비결 5 ▸ 조언이나 도움 청하기

이건 누군가와 친해지기 아주 좋은 방법이야. 왜냐고? 사람들은 자신이 필요하고 중요한 존재라는 사실을 좋아하니까. 조언이나 도움을 청하는 건 상대를 믿는다는 뜻이고, 상대를 보탬이 되는 현명한 사람으로 여긴다는 의미란다. 친절을 베풀 기회를 상대에게 주는 이런 행동은 언제나 우정을 쌓는 확실한 방법이야.

도움을 청하면 나중에 친절을 보답할 기회가 생기기도 해. 상대에게 감사를 표시하고 호의를 갚겠다고 제안해 봐. 이렇게 친절을 주고받으면 서로 가까워지기 마련이거든. 그저 작은 도움을 청한 것뿐인데 말이야.

어떤 일에 도움을 청할 수 있을까? 몇 가지 예를 들어 볼게. 다음과 같은 일을 도와 달라고 해 보렴.

- 학교 숙제
- 농구공 던지기
- 학용품 디자인 선택
- 부모님이나 형제자매와의 문제
- 우정 문제
- 스케이트보드 기술
- 책이나 영화 추천

아래처럼 부탁하면 된단다.

"안녕, 진. 너 저번에 수학 시험 잘 봤더라! 난 너만큼 수학을 잘하진 못하는데. 숙제할 때 어려운 거 있으면 가끔 전화해도 될까?"
"마르탱, 안녕! 뭐 하나 물어봐도 돼? 너 농구장에서 정말 대단하더라. 던질 때마다 거의 다 들어갔잖아. 나 슛하는 거 보고 조언 좀 해 줄 수 있어?"
"조언 좀 부탁해도 돼, 샘? 우리 부모님이 이혼하신대. 너희 부모님도 작년에 같은 일을 겪으셨잖아. 넌 어떻게 견뎠는지 말해 줄 수 있어?"

(이렇게 개인적인 질문은 친구가 당황하지 않도록 다른 아이들이 없을 때 따로 해야 해.)

친구가 도와주면 다음과 같이 고마움을 표현해 봐.

"캐시, 조언 고마워. 너 정말 다정하다. 네 말대로 해 보고 어떻게 됐는지 이야기할게."
"조언해 줘서 고맙다, 마누엘."
"진짜 좋은 생각이다. 난 그런 생각 못 했어. 모니크, 고마워!"

비결 6 ▶ 새로운 관심사 만들기

사람들은 보통 자신과 같은 관심사를 가진 사람과 친구가 되고 싶어 한단다. 네가 관심사가 많지 않다면 어울리기에 흥미로운 사람으로 보이지 않을 수도 있어. 그러니 아이들에게 취미를 물어보렴. 만약 네가 해 보지 않은 거라면 그것에 대해 질문해 봐. 농구나 축구 같은 운동이 될 수도 있고, 만화책 수집이나 서바이

벌 게임, 이야기나 연극을 만드는 활동이 될 수도 있어. 친구가 하는 활동 중에 새로운 걸 골라서 한번 해 봐. 최악의 경우라도 이야깃거리는 생기니까. 잘하면 그걸 좋아하게 될 수도 있고!

너랑 친구는 이미 책이나 게임, 영화 같은 공통 관심사가 있을 거야. 그럼 그걸 통해 서로가 새로운 관심사를 찾을 수 있어. 서로에게 볼 만한 책(또는 게임이나 영화)을 추천해 봐. 서로 한 가지씩 빌려줄 수도 있지. 이를테면, "과학 소설을 좋아하면 아마 이 책도 마음에 들 거야."라고 하면서 말이지. 이렇게 하면 둘 다 새로운 관심사를 찾을 수 있어.

비결 7 ▶ 다른 아이를 위해 나서기

좋은 친구, 그리고 좋은 사람이 되려면 형편없이 구는—특히 다른 아이들을 놀리거나 괴롭히는—아이들에게 맞서기도 해야 해. 물론 쉽지 않은 일이야. 인기 많은 아이들이 한 친구를 놀릴 때 네가 나서서 그 친구를 두둔한다면 무슨 소리를 듣게 될지 걱정될 거야. 무시무시하거나 거친 아이들이 누군가를 괴롭히고 있다면 끼어드는 것이 위험하게 느껴질 수도 있어.

다른 사람을 옹호하는 건 네가 옳은 일을 위해 나서는 용감한 사람이라는 뜻이야. 꼭 친구가 아니더라도 표적이 되거나 괴롭힘을 당하는 아이 편에 서는 행동은 남에게 해를 끼치면 안 된다는 네 신념을 보여 주는 거야.

놀림을 당하던 아이에게 염려를 표현하면서 대화를 시작하거나, 놀리던 아이들의 주의를 돌리면서 다른 이야기를 하게끔 유도해 봐. 이렇게 말이야.

"얘들아, 그만해."
"빈센트, 쟤들은 신경 쓰지 마. 나랑 좀 걷자. 요즘 별일 없어?"
"걔 그냥 내버려 둬. 아무한테도 피해를 주지 않잖아."

"넌 더 중요한 할 일 없어?"
"얘들아, 누구 점심 먹으러 갈래?"
"친구를 괴롭히다간 곤란해질 수 있어. 그만두는 게 좋을걸?"

네가 보기에 한 아이가 누군가를 괴롭히는 게 싫다면 다른 아이들도 똑같이 느낄지 몰라. 괴롭힘을 당하는 아이를 위해 나서면 그 애를 못살게 굴던 아이와의 우정은 깨질 가능성이 높지. 그

러나 네게 동의하는 더 많은 아이들과 친구가 될 가능성 또한 크단다.

꼭 기억할 것! 때로는 어른에게 도움을 청해야 해. 상황이 위험해 보이거나 통제가 불가능하다고 판단되면 즉시 어른을 찾아. 옳지 않게 느껴지면 옳지 않은 거야. 학교에서는 선생님 또는 상담 선생님, 학교 보안관 선생님, 교장 선생님께 도움을 청해 봐. 괴롭힘을 견뎌야 하는 사람은 아무도 없단다.

괴롭힘에 대처하는 방법에 대한 더 많은 정보는 도란도란 학교폭력 예방누리집 (dorandoran.go.kr) 에서 확인하세요.

우정을 해치는 네 가지 실수

아이들과 사이좋게 지내는 데 도움이 되는 행동도 있지만 그와 반대되는 행동도 몇 가지 있어. 우정에 해를 끼치는 행동 네 가지는 다음과 같아.

실수 1 못되게 굴거나 상처 주기

당연한 이야기 같지만, 우리는 종종 무심코 고약하게 굴거나 뜻하지 않게 상처 주는 행동을 한단다. 혹시 이런 행동을 한 적

있니?

- 주의를 끌기 위해 누군가의 몸을 잡는 것
- 상대가 그만하라고 하는데 몸싸움을 걸거나 거칠게 행동하는 것
- 뭔가를 훔치거나 거짓말을 하는 것
- 누군가의 뒤에서 험담을 하는 것
- 멋지게 보이려고 누군가를 놀리는 것
- 누군가를 표적 삼아 괴롭히는 것
- 다른 사람을 못살게 구는 것(욕하기, 때리기, 지속적으로 깔아뭉개기)
- 누군가의 행동이 전부 다 틀렸다고 말하며 비난하는 것
- 다른 친구와 놀기 위해 한 친구를 팽개치는 것

> **친구의 한마디…**
>
> "누가 내 친구한테 못되게 굴면 '내 친구한테 그러지 마.'라고 말할 거예요. 그래도 소용없으면 선생님께 말씀드리겠어요."
> - 10세, 남자아이

우리는 이따금 스스로 마음에 들지 않아서, 또는 그날 기분 나쁜 일들이 있어서, 남에게 화풀이를 한단다. 그냥 좀 웃자고 못된 행동을 하기도 하지. 그렇지만 다른 사람을 놀리거나 괴롭히거나 해치는 건 절대 괜찮지 않아. 모든 사람을 좋

아할 필요는 없지만 남에게 형편없게 굴거나 상처를 주는 건 너의 좋지 않은 면을 드러내는 거야. 누군가에게 심술궂게 행동하는 너를 보면 아이들은 자기에게도 똑같이 대하지 않을까 생각하게 돼.

실수 2 무례하거나 지저분하거나 불쾌하게 하기

역겨운 농담이나 무례한 행동이 좋은 감정을 망친다는 사실이 이상하게 느껴질 수도 있어. 하지만 대체로 그렇단다! 누군가를 함부로 대하는 것과 마찬가지로 불쾌한 행동은 우정에 해로워. 예를 들어 볼게.

- 방귀 뀌기나 코 파기, 큰 소리로 트림하기 같은 지저분한 습관
- 욕설
- 쉬지 않고 계속 낄낄대거나 마구 소리 내서 웃는 것
- 한창 대화 중인 사람들 사이에 끼어드는 것
- 자기 이야기만 하고 상대의 안부는 절대 묻지 않는 것

이런 행동을 하고 싶은 충동이 들 수도 있어. 특히 무리와 어울

릴 때 그러기 쉽지. 누군가 점심을 먹다가 트림을 하니 다들 웃었다고? 또는 인기 많은 아이가 계속 자기 이야기만 늘어놓았다고? 한두 번은 그럴 수 있지. 하지만 속으면 안 돼. 트림을 하거나 욕설을 내뱉거나 쉴 새 없이 자기 이야기만 하는 사람으로 알려지면 다른 아이들 눈에 좋아 보일 리 없단다.

실수 3 패배를 인정하지 않기

아이들은 게임이나 운동을 하면서 시간을 많이 보내고, 때로는 경쟁이 꽤 심해지기도 해. 학교 성적 또는 누가 책 한 권에서 가장 많은 분량을 읽었는지를 놓고도 겨루지. 약간의 경쟁은 의도가 좋다면 재미있을 수도 있어. 더 열심히 하는 동기가 되면 대체로 나쁘지 않고.

그런데 이기는 게 가장 중요한 것처럼 행동하는 사람과 함께 어울리면 즐겁지 않아. 이래라저래라 시키고, 규칙을 바꾸고, 반칙을 하고, 독설을 퍼붓는 아이도 마찬가지야. 다음과 같은 행동은 결코 하면 안 돼.

- 놀이에 끼워 준 아이들에게 무례하게 구는 것
- 자기가 정한 규칙대로 하라고 강요하는 것

- 게임에서 반칙을 하는 것
- 이기고 으스대는 것
- 지고 불평하는 것
- 지고 나서 심판이나 심사 위원, 팀원을 탓하는 등 변명을 하는 것
- 실수를 하거나 남들만큼 잘하지 못한 아이를 놀리는 것

실수 4 사람들과 어울리려고 자신을 끼워 맞추기

가끔은 무리와 어울리는 것도 좋단다. 아이들을 돕거나 운동 경기에서 팀을 응원하거나 울적해하는 아이를 다독이는 것처럼 긍정적인 일을 한다면 기분 좋게 동참할 수 있어. 그렇지만 무리에 어울리기 위해서 소신을 굽히거나 원하지 않는 방식으로 행동하는 건 결코 좋은 게 아니야. 아이들이 못되게 굴거나 규칙을 어기거나 위험한 일을 한다면 네 직감대로 해. 그런 식으로 행동하는 것이 자랑스러울까? 또 안전할까? 그런 행동이나 선택을 한다면 넌 어떤 사람이 될까?

옷차림이나 행동을 바꾸는 것도 마찬가지야. 유행하는 스타일을 흉내 내는 건 아이들과 어울리기 쉬운 방법처럼 보이지. 하지만 다른 아이들과 비슷해 보이려고 애쓴다고 갑자기 모두가 네

> **친구의 한마디…**
>
> "네 모습 그대로 있으면 돼. 다른 사람이 되려고 애쓰지 마. 그건 어차피 안 통하니까." – 8세, 남자아이

친구가 되는 건 아니야.

우리는 61, 62쪽에서 새로운 시도가 중요하다는 것을 배웠어. 신선한 관심거리를 발견하는 건 재미있고 우정을 깊게 하는 것이 사실이야. 같은 관심사를 가진 사람들을 만나더라도 새로운 흥밋거리는 새 친구를 사귀는 데 도움이 되지. 그렇지만 동시에 자신답게 행동하는 것도 잊으면 안 돼. 누군가의 친구가 되기 위해 그 사람이 원하는 모습에 스스로를 끼워 맞출 필요는 없어. 상대가 뭔가를 좋아한다는 이유로 그걸 좋아하는 척할 필요도 없고. 그건 가짜이고, 그런 방법으로는 결국 잘되지 않아.

연습해서 완벽해지기

이 모든 우정의 기술을 새로 배우는 일이 처음에는 매우 버거울 수 있어. 그건 자연스러운 반응이니까 괜찮아. 실제로 사용하기에 앞서 연습하는 것이 이런 사회적 기술을 익히는 최선의 방법이란다. 조급할 것 없어. 예선 경기 첫날부터 스타 농구선수가 되는 걸 기대할 순 없잖아. 학교 연극 연습 첫날에 대사를 빠짐없

이 다 알 수도 없고, 미리 공부하지 않고서는 시험지의 정답을 모조리 알 수도 없어. 연습이 필요하단다.

그럼 누구와 연습할까? 가족이 좋겠지? 부모님께 함께 연습하자고 부탁드려 봐. 형제나 자매도 좋아. 학교에서 점심을 먹으러 가서 같은 반에 새로 전학 온 친구 옆에 앉는 상황을 가정해 봐. 그 친구는 아는 사람이 없고, 너는 친구와 친해져야 해. 너와 새 친구의 역할을 번갈아 가면서 맡아 봐. 이런 걸 '역할 놀이'라고 하는데 새로운 기술을 익히는 데 아주 좋은 방법이야. 역할 놀이를 하고 나면 가족에게 어땠는지 물어보렴.

★ 이렇게 해 봐요!

가족에게 부탁해서 이런 기술을 연습하는 여러분의 모습을 영상으로 녹화해 보세요. 그리고 영상을 돌려서 그 모습을 살펴보면 잘한 점이나 바꾸고 싶은 점이 보일 거예요. 처음에는 자기 모습을 보기가 불편할 수 있지만 부족한 점을 채우는 데 좋은 방법입니다.

나라면 어떻게 할까?

54쪽에서 만난 하루에게 돌아가 봅시다. 하루는 얼마 후 새 친구 둘이 자신에게 무관심해 보인단 걸 알았어요. 이 친구들과 우정을 키우려면 어떻게 해야 할까요?

이 장에서는 관계를 돈독히 하는 몇 가지 방법을 다뤘습니다. 하루에게 어떤 방법을 추천하고 싶은가요? 그렇게 하면 어떻게 될 것 같은가요? 생각해 보세요.

즉석 퀴즈

이제 여러분은 우정을 키우는 방법에 대해 더 많이 알게 되었어요. 짧은 퀴즈를 풀면서 배운 내용을 확인해 보세요.

참 또는 거짓?

1. 모두가 어떤 행동을 하고 있다면 그건 분명 멋진 일이다. 그러니 아이들이 누군가를 놀리면 그에 가담하는 것이 새로운 친구를 사귀는 좋은 방법이다.

2. 도움이나 조언을 청하는 건 내가 무능한 사람이란 뜻이므로 앞으로는 사람들이 나를 피할 것이다.

3. 알파벳을 읊으며 트림을 하는 건 사람들이 나를 좋아하게 만드는 좋은 방법이다.

4. 진심에서 우러난 칭찬을 하면 사람들이 나와 어울리고 싶어 한다.

5. 우정의 기술은 연습해 봤자 도움이 안 된다. 그냥 닥치는 대로 하면 된다.

결과

1. **거짓.** 그런 행동을 하면 여러분은 누군가를 괴롭히는 사람이 됩니다.

2. **거짓.** 도움을 청하는 행동은 사실 여러분이 상대를 높이 평가한다는 뜻이므로 그 사람은 여러분과 시간을 보내고 싶어 할 겁니다.

3. **거짓.** 사람들이 웃더라도 대개는 이 행동 때문에 여러분을 칭찬하거나 여러분의 친구가 되고 싶어 하지는 않을 겁니다.

4. **참.** 사람들은 기분 좋게 해 주는 사람과 어울리기를 좋아합니다.

5. **거짓.** 가족이나 동물 인형과 연습하면 친구들 앞에서 더 잘할 수 있어요.

사회적 기술과 우정 다지기

개비와 페니는 체조 수업을 함께 받다가 친구가 됐는데 이제는 수업이 끝났습니다. 항상 즐겁게 만났지만 한참 동안 얼굴을 보지 못해서 서로를 보고 싶어 해요. 둘 다 상대가 다가오기를 기다리고 있는데 그다음에 뭘 해야 할지 결정을 못 합니다.

나라면 어떻게 할까?

개비와 페니는 친구 관계를 유지하기 위해 무엇을 할 수 있을까요? 이 장에서는 우정을 깊게 하는 몇 가지 방법에 대해 알아봅니다. 이 장의 마지막에서 개비와 페니 이야기의 결말을 만들어 보세요.

마음에 들고 잘 맞는 아이를 찾았다면 좋은 친구가 생기는 길에 들어선 거야. 함께 시간을 보낼수록 더 가까운 사이가 되고, 서로에게 더 중요한 존재가 되는 거지. 이 장에서는 우정을 단단하게 다지고, 사회적 기술을 활용하는 방법을 알아볼 거야.

친구의 단계

친구가 많은 걸 좋아하는 아이도 있지만 가까운 친구 몇 명만 있는 걸 선호하는 아이도 있어. 친구를 많이 두고 적게 두는 것은 네가 어느 쪽을 편하게 느끼느냐에 달려 있지. 다양한 단계의 친구가 있다고 생각하는 방법도 있어.

시작 단계 또는 첫 번째 단계를 종종 (그냥) **아는 아이**라고 해. 이름을 알고, 짧은 대화를 나눈 적은 있지만 평소에 따로 만나지는 않는 사이라고 할 수 있어. (그냥) 아는 아이를 생일 파티나 잠옷 파티에 초대하지는 않아. 충분히 잘 아는 사이가 아니니까. 그런데 아는 아이와 점심시간에 이야기를 나누거나, 놀이터에서 놀거나, 수업 시간에 간단히 인사를 하거나, 농담을 주고받는 건 재미있어(물론 선생님이 말씀하시는 동안은 그러면 안 되겠지). 어쩌면 나중에는 가까운 친구가 될지도 몰라.

두 번째 단계는 **가벼운 친구야**. 네가 좀 더 잘 아는 아이들이지. 운동을 같이 하거나, 놀이터에서 함께 어울리거나, 여러 아이들을 부르는 행사에는 집으로 초대도 하는 사이야. 이런 친구들과의 만남은 주로 학교나 학원, 스포츠 단체 같은 곳에서 이루어져.

세 번째 단계는 **가까운 친구야**. 네가 자주 시간을 함께 보내고 싶어 하는 아이들이야. 서로의 집을 왕래하고 영화관이나 공원에도 같이 가지. 전화나 문자를 주고받고, 함께 있을 때 매우 편안해. 이 친구들하고는 많은 걸 공유하지.

네 번째 단계는 **절친한 친구야**. 개인적이고 내밀한 부분까지 알고 지낼 정도로 신뢰하는 친구, 무슨 일이든 도와주고 싶은 친구가 여기에 속해. 절친한 친구와는 평생 관계를 유지하는 사람도 많아. 먼 곳으로 이사를 가고 나서도 친구 관계를 이어 가지. 절친한 친구들끼리는 많은 시간을 함께 보낸단다. 그래서 중요한 것들을 공유하기도 쉬워. 절친한 친구는 한 명 이상 둘 수 있어.

새 친구는 대개 아는 아이에서 관계를 시작해. 서로 알아 가면서 공통점을 발견하지. 상대와 같이 있는 시간이 좋으면 가벼운 친구나 가까운 친구로 발전해. 가까운 친구가 되면 개인적인 이야기를 더 공유하기 시작하면서 시간을 두고 지켜봐. 서로를 신뢰할 수 있는지 알아보는 거지. 만약 친구가 제일 좋아하는 곰 인

> **친구의 한마디…**
>
> "수업 시간에 같이 이야기하는 친구들이 있어요. 가까운 친구는 아니지만 그 애들 덕분에 외롭지는 않아요." - 13세, 남자아이

형과 아직도 함께 잔다는 비밀 이야기를 한다면 그건 너를 믿는다는 뜻이야. 가까운 친구로 여기는 거고. 친구의 기대를 저버리고 친구의 사적인 이야기를 남에게 전해서는 안 돼. 특히 친구를 난처하게 만드는 이야기라면 더더욱 그래.

천천히 시작하기, 그리고 가까워지기

아는 아이에서 가까운 친구―그리고 절친한 친구까지―로 가는 과정은 보통 아주 자연스러워. 그냥 그렇게 되기 때문에 많이 생각할 필요가 없어. 너와 친구가 서로 좋아하면 같이 시간을 더 보내게 돼. 반면, 마음이 잘 맞지 않는다고 느끼면 함께 보내는 시간을 줄이겠지.

친구의 네 단계를 떠올리면 도움이 될 거야. 예를 들어, (그냥) 아는 아이를 잠옷 파티에 초대하면 어색하겠지? 바다에 가는데 가벼운 친구들은 초대하고 가까운 친구를 빼면 아마 가까운 친구는 상처를 받을 거야.

누군가와 더 좋은 친구가 되면 좀 더 가까워지고 싶은 마음이

간절해지겠지만 조금 느긋하게 생각할 필요가 있어. 실제로 우정이 싹트는 데는 몇 주 또는 몇 달이 걸리기도 하거든. 그러니 인내심을 발휘해 봐. 새로운 친구와 어느 정도 시간을 보냈는데 그 아이가 아주 마음에 들면 평소에 서로를 만나던 장소 (가령, 학교)에서 벗어나 뭔가를 같이 하자고 초대하렴. 금요일이나 휴일 전날이 이런 걸 제안하기에 완벽한 기회야.

무엇을 하자고 할지 잘 모르겠다고? 걱정하지 마! 항상 단순한 게 좋아. "언제 같이 놀래?"라는 질문은 상대가 너와 시간을 보내고 싶은지 알아보는 쉬운 방법이야. 상대가 좋다고 하면 무엇을 재미있어 하는지 물어봐. 할 일이 정해지면 가능한 때를 의논하면 돼.

뭔가를 하자고 제안하는 법은 제5장에서 자세히 다룰 거야.

잠옷 파티

잠옷 파티는 친구들, 특히 가까운 친구들과 시간을 보내는 즐거운 방법입니다. 누구나 남의 집에서 자는 걸 편하게 생각하는 건 아니니까, 혹시 누군가 여러분의 제안을 거절해도 상처를 받거나 친구가 되기 싫어한다고 생각하지 마세요. 게다가 모든 부모님이 자녀에게 잠옷 파티를 허락하는 건 아닙니다.

성별이나 배경, 나이가 다른 친구

네 친구들은 아마 대부분 너와 같은 또래, 같은 성별일 거야. 그런 아이들과는 공통점이 더 많을 테니까. 그런데 남자인 친구와 여자인 친구가 다 있을 때 장점도 있어. 남녀 모두와 잘 지내는 법을 배우게 되어, 짝을 지어 수업 과제를 하는 경우 등에 도움이 되거든. 사물을 보는 새로운 방식도 배울 수 있고.

또 다른 방식으로 너와 다른 친구를 사귀는 것도 재미있어. 종교가 다른 아이와 친구가 될 수도 있고, 인종이나 배경이 다른 아이와 친구가 될 수도 있어. 이런 차이점은 새롭게 생각할 거리를 안겨 줘. 서로 다르지만 공통점 또한 많다는 것도 알게 될 거야.

마찬가지로 다양한 나이의 친구를 사귀는 것도 즐거운 일이란다. 나이가 많은 친구에게서는 새로운 뭔가를 배울 수 있어. 나이가 어린 아이와 친구가 되면 리더가 되어서 게임을 하는 방법이나 수학 문제를 푸는 방법처럼 새로운 걸 가르칠 기회가 생겨.

나이가 어린 친구와 어울릴 경우, 또래하고 놀 때와 똑같은 규칙을 적용하기는 어려워. 네가 항상 이기면 상대는 재미가 없겠지. 어린 친구에게 점수나 기회를 더 주어야 게임이 조금이나마 공평해진단다. 그래야 모두가 더 재밌게 놀 수 있어.

사회적 에티켓 지키기

사회적 에, 뭐라고? 에티켓은 사회적으로 허용되는 행동을 하기 위해 필요한 규칙들을 말해. 사람들이 더 잘 지내도록 돕는 예의범절이지. 아마 이런 규칙을 이미 많이 알고 있을 거야. 필요할 때 이런 규칙을 사용하면 친구 관계를 지속하는 데 도움이 돼. 예를 들어 볼게.

- 누군가를 방해하게 될 때(또는 실수로 트림을 하거나 방귀를 뀔 때) "미안해."라고 말하기
- 뭔가를 요청할 때 "부탁할게."라고 말하기
- 누군가 뭔가—칭찬도 마찬가지—줄 때 "고마워."라고 말하기
- 누군가 고마워할 때 "고맙긴 뭘."이라고 말하기
- 손님이 집에 오면 겉옷을 받아 주겠다고 제안하기

우정을 지속하기 위해 할 수 있는 예의 바른 행동이 또 있어. 아는 아이와 만나면 "안녕." 하고 인사를 하는 거야. 이건 예의를 지키는 것이기도 하고 네가 친구를 알아보고 중요하게 생각한다는 걸 알리는 방법이기도 해. 상대가 더 편하게 대화를 시작하거

나 너와 어울리는 데도 도움이 되지.

  가끔은 무심코 예의에 어긋난 행동을 하는 경우도 있어. 말을 너무 많이 해서 상대를 지루하게 만든다든가, 실수로 친구가 따라 들어오는데 문을 닫는다든가, 친구의 질문을 못 듣고 대답을 안 해서 친구를 화나게 한다든가. 그런데 이런 일이 일어나도 괜찮아. 사과하고 일부러 무례하게 군 게 아니란 걸 친구에게 알리면 돼. 하지만 핑계를 대거나 별일 아니라는 식으로 말하면 안 돼. 반드시 실수를 인정하고 넘어가야 한단다. 간단하게 말해 봐. "미안해. 내가 말을 너무 많이 했네. 넌 별일 없어?" 또는 "아, 네 말 못 들었어. 미안. 뭐라고 했어?" 정도면 돼.

★ 이렇게 해 봐요!

  뒤에서 따라오는 사람이나 앞에서 다가오는 사람이 지나갈 수 있게 문을 열고 잡아 주는 건 매우 정중한 행동입니다. 특히 나이가 많은 분이나 걷기 어려운 분, 무거운 짐을 든 분에게 이렇게 하는 것이 중요해요. 그런데 아이들을 위해서도 같은 행동을 할 수 있어요. 선생님이나 부모님 같은 어른에게 해 드릴 수도 있고요. 사람들에게 문을 잡아 줄 기회를 찾아보세요. 이런 행동은 다른 사람에게 도움이 되는 일이고, 여러분이 배려할 줄 아는 사람이라는 걸 보여 줍니다.

이렇게 하면 네 무례함이 실수였고, 네가 미안하게 생각한다는 걸 보여 주기에 충분해.

공감 표현하기

이건 친구를 사귀고 친구 관계를 유지하는 열쇠야. 공감한다는 건 다른 사람이 어떤 감정을 느끼는지 이해할 수 있다는 뜻이거든. 그런데 다른 사람의 감정을 그저 이해하는 걸로는 충분하지 않아. 네가 그 감정을 이해한다는 걸 **그 사람에게** 알려야 해. 공감을 **표현하는** 건 네가 상대에게 마음을 쓰고, 상대의 감정을 생각한다는 걸 보여 주는 거란다. 이렇게 하면 상대는 너를 고맙게 생각하고 친근하게 느끼게 돼.

좋은 일이 있을 때 공감을 표현하는 건 쉬워. 친구가 맞춤법 대회에서 우승했다면 "잘했어!"라고 말해 봐. 말투에서 열의가 느껴져야 해. 그래야 네가 친구의 우승에 들떠 있다는 게 전달되니까. 친구가 게임에서 이기면 "축하해."라고 해 봐. 네가 진 마당에 그런 말을 건네는 게 쉽지는 않겠지만 그래도 중요한 일이란다.

그런데 이해 또는 공감을 표현하는 건 상대가 기분이 썩 좋지 않을 때 훨씬 더 중요해. 그때야말로 이해해 줄 사람이 절실하게

필요한 순간이고, 그런 사람이 있으면 기분이 나아지는 데 도움이 되기 때문이야. 친구가 스케이트보드에서 떨어져서 무릎이 까졌을 때, 괜찮은지 물어보고 "진짜 아프겠다!"는 말까지 해 주면 친구에게 조금이나마 위로가 될 거야.

다음과 같은 경우라면 친구가 네 공감을 고맙게 생각할 테니 친구에게 공감을 표현해 보렴.

- 친구가 중요한 시험에서 좋지 않은 성적을 받았을 때
- 친구가 축구장에서 부상을 당했을 때

- 친구가 중요한 결승전에서 졌을 때
- 친구가 가족, 친구들과 떨어져 먼 곳으로 이사해야 할 때
- 친구가 점심을 깜빡하고 가져오지 않았을 때
- 친구의 가족이나 반려동물이 세상을 떠났을 때
- 친구가 과제물을 잃어버렸을 때
- 친구가 들어가고 싶어 하던 운동 팀에 뽑히지 않았을 때
- 친구가 다른 친구에게 거절을 당하거나 우정을 잃었을 때
- 친구가 다른 아이들에게 괴롭힘을 당할 때

친구에게 나쁜 일이 생겼을 때는 말을 많이 할 필요가 없어. 하지만 친구의 일을 안타깝게 생각한다는 걸 알리는 건 도움이 돼. 그건 네가 친구의 감정에 마음을 쓴다는 걸 보여 주는 행동이니까. 친구 좋다는 게 그런 거잖아. 친구에게 나쁜 일이 생겼을 때 할 수 있는 말은 다음과 같아.

"실망이네. 진짜 나빴다."
"많이 힘들겠다."
"세상에! 너무 안타까운 일이네. 혹시 더 하고 싶은 얘기가 있으면 편하게 해."
"정말 안됐다. 어떻게 돼 가?"

"그런 일이 생겼다니 나도 속상하다. 내가 도와줄 일이 있을까?"
"이런! 진짜 아프겠다."

연락하고 지내기

좋은 친구들은 항상 연락하고 지내려고 노력한단다. 학교에서 매일 본다면 쉽겠지만 휴가나 방학 동안에는 연락하기가 어려울 수 있어. 친구가 다른 반이거나 다른 학교에 다닌다면, 또 다른 도시에 산다면 더 어렵겠지.

그다지 자주 만나지 않는 아이와 친구로 지내고 싶다면 연락하고 지내는 일에 좀 더 노력을 기울여야 해. 그러지 않으면 사이가 멀어질 테니까(우정이 점점 덜 중요해지는 거지). 다행히 요즘은 그 어느 때보다 연락하고 지내기가 쉬워졌어. 전화나 문자, 이메일, 우편으로 보내는 편지, 인터넷 채팅, 심지어 영상 채팅도 가능하잖아. 친구가 편하게 생각하는 방법으로 연락해 봐. 문자를 많이 하는 친구라면 문자로 연락하는 편이 가장 좋겠고, 전화를 해야 하는 친구도 있을 수 있겠지.

자주 만나지 못하는 절친한 친구가 있다면 매일 또는 일주일에 몇 번씩 연락을 하는 게 좋아. 그만큼 가깝지 않은 친구에게는 한 달에 한두 번 연락하면 충분해. 연락하는 횟수는 양쪽이 어떻게 느끼는지에 따라 조절하면 돼.

★ 이렇게 해 봐요!

친구들의 생일을 달력이나 일정표, 온라인 달력에 기록해서 챙기세요. 누군가의 생일이 다가오면 "생일 축하해."라고 말하거나 전화나 문자를 해서 그날을 특별하게 만들어 주세요. 이건 상대가 여러분에게 중요한 사람이라는 걸 표현하는 아주 좋은 방법입니다. 선물? 그건 보통 더 가까운 친구 사이거나 생일 파티에 초대받은 경우에 주면 됩니다.

승패를 잘 받아들이는 사람 되기

'중요한 건 이기고 지는 게 아니라 게임을 어떻게 하는가이다.'라는 말을 들어 봤을 거야. 사실, 어느 정도 맞는 말이라고 할 수 있어. 이기고 싶은 건 당연해. 이기려고 **노력**하는 게 재미의 일부이고. 그러나 꼭 **이겨야만** 즐거운 시간을 보낼 수 있다면 문제가 있어. 패배를 인정하지 않는 사람—지고 나서 불평하거나 화내는 사람—은 아무도 좋아하지 않아. 이겼다고 우쭐대거나 뽐내서 다른 사람의 기분을 상하게 하는 것 또한 좋지 않아. 그건 친구를 잃는 확실한 방법이란다.

게임을 하는 것과 이기고 지는 것에 대해 다르게 생각해 볼까? 네가 함께 게임을 하는 아이를 좋아한다면 그 아이의 감정도 네 감정만큼 중요해. 그러니 그 친구도 가끔은 이길 필요가 있어. 그렇지 않으면 친구는 재미가 없을 테니까. 아마 상대도 너처럼 이기고 싶을 거야. 너와 마찬가지로 친구 역시 지면 기분이 좋지 않겠지. 꼭 기억하렴. 누군가와 게임을 하는 목적은 재미있기 위해서라는 것을.

여기서 훌륭한 스포츠맨 정신의 몇 가지 규칙을 알아볼까? 이미 따르고 있는 것이 몇 가지나 되는지, 앞으로 어떤 걸 시도해 보고 싶은지 살펴보렴.

1. **양쪽 모두에 이길 가능성이 어느 정도 있는 게임 고르기.** 한 사람만 계속 이기는 건 공평하지 않아. 너보다 어린 친구와 게임을 한다면 그 친구에게 유리한 게임을 고르렴. 예를 들어, 체스는 나이가 많은 사람에게 유리하지만 체커는 나이가 어린 사람에게 유리해. 네가 잘하는 게임이라면 처음 배우는

친구를 도와줘. 그래야 모두에게 더 재밌어. 너와 친구는 언제나 서로에게 새로운 게임을 가르쳐 줄 수도 있어.

2. **게임을 하는 동안 친구를 응원해.** 게임을 할 때 친구가 스스로에 대해 좋은 감정을 갖기를 바라지? 누군가 좋은 시도를 하면 "좋았어!"라고 말해 줘. 체스에서 친구가 네 말을 잡으면 "아주 잘했어!" 또는 "내가 당했다!"라고 하면 돼. 친구가 게임에서 질문을 이해하지 못하거나, 친구가 던진 볼링공이 옆길로 샌다고 비웃으면 안 돼. "잘했어. 다음에는 더 잘할 거

야."라고 격려해 주렴.

3. **네가 이겼을 때, 우쭐대며 춤을 추거나 자신이 얼마나 대단한지 떠벌리면 안 돼.** 아픈 데를 건드리면 진 사람이 기분이 좋을 리 없지. 이긴 걸 기뻐하는 건 괜찮지만 도를 넘으면 안 돼. 상대와 악수하고 "좋은 게임이었어."라고 말하렴. "너 아까 몇 번은 진짜 잘하더라!"나 "다음엔 네가 이길 거야."와 같은 긍정적인 말을 해 준다면 친구에게 위안이 될 거야.

4. **지더라도 품위를 지켜야 해.** 친구에게 "좋은 게임이었어."나 "너 정말 잘했어."라고 말하렴. 네가 왜 졌는지 핑계 대면 안 돼. 이를테면, 심판이 판정을 망쳤다, 너무 피곤했다, 방해를 받았다, 햇빛 때문에 눈이 부셨다, 페퍼로니 피자를 먹고 나서 배가 아팠다—이런 말이 사실이라 하더라도—같은 말은 하면 안 돼. 상대가 승리를 만끽하게 두렴. 다시 말하지만, 친구의 감정은 네 감정만큼 중요해. 그러니 친구가 이겨서 기뻐하면 너도 같이 기뻐해 줘.

네트워크 만들기

 사회적 기술이 좋은 어른들은 친구에게 다른 친구를 만들어 줘. 이걸 '네트워크 만들기'라고 하는데, 어른들은 이를 통해 일자리를 찾고 관계를 맺지. 아이들도 이런 네트워크를 만들 수 있단다. 네트워크는 모두에게 좋은 부분이 있어. 친구들은 친해질 사람이 많아져서 좋고, 너도 새로운 아이들을 만날 수 있으니까. 모든 사람이 즐길 기회를 더 누리고, 다양한 것들을 배우고, 친구의 범위를 넓히게 되지.

방법을 알려 줄게. 한 친구와 이야기할 때 근처에 아는 아이가 있다면 둘을 서로에게 소개해 봐. 가장 쉬운 방법은 서로 아는 사이인지 묻는 거야. "얘들아, 너희 둘 혹시 서로 알아?" 잠시 기다리면 두 친구가 각자 자기소개를 할 거야. 아니면 네가 "나탈리아, 너 레이첼 알아?" 하고 말해도 돼.

친구의 친구에게 **너를** 소개할 수도 있어. 친구가 네가 모르는 아이와 말하고 있다면 대화가 멈추는 순간을 기다렸다가 그 아이에게 너를 소개하는 거야. 그냥 "안녕, 혹시 우리 만난 적 있어? 난 신시아야."라고 하면 돼. 수줍음이 많은 편이라면 친구에게 소개해 달라고 부탁해 봐.

★ 이렇게 해 봐요!

친구가 되고 싶은 아이들의 이름과 전화번호, 또는 이메일을 적어 보세요. 주소록에 기록해 두세요. 휴대 전화가 있다면 거기에 입력해도 좋습니다. 이렇게 하면 뭔가 하자고 아이들을 초대할 때 훨씬 쉬워요.

여러분의 이름과 연락처가 적힌 카드를 인쇄해서 더 친해지고 싶은 아이들에게 나눠 주는 것도 멋진 방법이에요. 이런 정보를 능숙하게 자주 교환하는 아이들은 새로운 친구를 사귀고 우정을 유지하는 걸 더 잘합니다.

네트워크를 만드는 또 다른 방법은 특별한 활동을 하는 거야. 친구 둘과 영화를 보러 간다고 가정해 봐. 그 친구들이 네가 모르는 누군가를 안다면 그 사람을 초대하라고 하는 거지. 파티와 운동 경기, 많은 사람들이 모이는 활동은 네트워크를 만들기 좋은 자리야. 이런 때는 다양한 무리(학교나 학원, 동아리)에서 온 친구들이 모이니까.

무례함의 함정 피하기

무례한 행동의 몇 가지 예를 들어 볼게. 이런 행동은 절대로 하면 안 돼!

다른 아이의 실수 비웃기

아이들이 실수할 때 놀리면 안 돼. 그런 행동은 상대의 감정을 상하게 한단다. 가까운 친구들끼리는 누구 하나가 실수할 때 웃기도 해. 그건 서로를 신뢰하고, 서로에게 상처를 주려는 의도가 없다는 걸 안다는 신호야. 이런 친구가 있다면 좋은 일이지만 주의해야 해. 미처 예상하지 못할 때 친구가 화를 낼 수도 있으니까. 친구가 화낼 때 웃으면 상황이 악화돼. 네가 저지른 실수에 스스로 웃는 건 언제든 괜찮지만!

뭔가를 요구하기

친구 집에 가자마자 음식이나 음료를 달라고 하면 안 돼. 친구가 먼저 권한 게 아니라면. 그곳에 간 지 한참 되었다면 예의 바르게 부탁하는 건 괜찮아. 이를테면 "미안하지만 마실 것 좀 줄 수 있을까? 목이 말라서."라고 할 수 있지.

친구의 장난감이나 물건을 가져도 되는지 묻는 것도 실례야. 잠깐 집어 들거나 한번 써 보는 것, 때로는 빌리는 것까지 괜찮지만 묻지 않고 가져가거나 달라고 막무가내로 요구해서는 안 돼.

험담하기

아이들은 (그리고 어른들도) 가끔 뒤에서 험담—남의 흠을 들추어 헐뜯는 것—을 하곤 해. 그 사람 앞에서는 차마 하지 못할 나쁜 말이나 떳떳하지 못한 말을 한단다. 당연하게도, 험담은 예의 바른 행동이 아니고, 아주 무례한 일이 될 수도 있어. 게다가 험담은 역효과를 일으키는 경우가 많아. 네가 누군가에 대해 나쁜 말을 하면, 함께 이야기를 나눈 아이들은 결국 네가 자신들에 대해서도 똑같은 행동을 할 수 있다는 인상을 받거든. 네가 한 험담이 다른 사람에게 전해질지도 몰라. 이런 상황이 여러 심각한 사건으로 이어지고, 그 결과 친구를 잃게 될 수도 있어. 그러니 누구에게든 다른 사람에 대해 나쁘게 말하지 않도록 하렴.

소문 퍼뜨리기

이건 험담과 매우 비슷해. 소문은 사람들의 입을 통해 전해 들은, 사실인지 아닌지 모르는 이야기를 말해. 보통, 이런 이야기는 야비하거나 수치스럽거나 남에게 상처를 주는 내용이야. 누군가에게 이런 이야기를 전하면 나쁜 감정을 퍼뜨리는 걸 거드는 거지. 험담과 마찬가지로 이런 행동을 하면 친구들 눈에 네가 좋게 보이지 않아. 네가 자신들에 대한 소문도 퍼뜨릴 거라 믿게 되니까.

친구에 대한 소문을 들었을 때 말을 옮기면 안 돼. 대신 친구를 대신해 "그건 사실이 아닐 거야."라고 말해 주렴. 그런 소문이 있다는 걸 친구에게 말할지 말지는 네가 결정할 문제야. 소문을 들으면 친구의 감정이 상할 수 있어. 그러나 아이들이 친구에 대해 심각하게 해로운 이야기를 퍼뜨린다면 그 친구도 알아야 해.

친구의 비밀을 남에게 말하기

너를 깊이 신뢰해서 터놓고 개인적인 이야기를 하는 친구가 있을 거야. 이건 너에게 정말 큰 칭찬이야! 누구한테 반했는지, 아

위험한 비밀

지키면 안 되는 비밀도 있어요. 친구가 학대를 받거나 위험한 일을 하려고 생각 중이라면 믿을 만한 어른에게 알려야 해요. 이건 고자질이나 배신이 아니라 친구의 안전을 지키는 일이에요.

직 침대에 지도를 그리는지 같은 비밀을 털어놓는 거니까 말이야. 친구가 이런 이야기를 한다면, 친구의 사생활을 존중하고 비밀을 철저히 지켜야 해. 그걸 다른 아이에게 말하는 건 친구로서 할 수 있는 최악의 행동이야. 우정을 망치는 지름길이기도 하고.

친구가 말한 내용을 다른 아이에게 얘기해도 괜찮은지 모르겠다면 친구에게 물어봐. 친구가 부끄러워할 만한 일은 절대 말하지 않는 것이 원칙이야. 친구에게 아무리 화가 나도, 심지어 친구 관계가 끝나더라도, 비밀은 결코 입 밖에 내면 안 돼.

불평하기

우리는 모두 종종 불평을 하지. 그건 자연스러운 일이야. 부모님이나 형제자매, 심부름, 숙제에 대해 툴툴댄 적 없는 아이가 과연 있을까? 그런데 불평에 너무 많은 시간을 들이면 친구들은 너를 불평꾼으로 여길 거야. 투덜대는 행동은 분위기를 망치고, 상대의 기분을 상하게 만들어. 둘이서 같이 숙제나 부모님, 다른 일에 대한 불만을 토로하는 상황이면 괜찮아. 하지만 너만 불평에 열을 올리고, 상대는 말이 별로 없다면 불평을 중단하고 다른 이야기를 할 때가 된 거란다.

몸으로 친근감 표현하기

어떤 아이들은 친구를 만나면 팔짱을 끼거나 손을 잡아. 그냥 아는 사이나 새로 사귄 친구보다는 절친한 친구 사이에 친근함을 표현하려고 이런 행동을 하는 경우가 많아. 그렇지만 누구나 이런 행동을 편안하게 느끼는 건 아니야. 네가 친구와 팔짱을 끼려고 하는데 친구가 불편해하면 어색해지겠지. 몸으로 친근감을 표현하기 전에는 상대에게 의견을 묻는 게 좋아.

나라면 어떻게 할까?

개비와 페니를 기억하죠? 둘 다 상대방이 한 걸음 다가오길 기다리고 있습니다. 둘 중 한 사람이 무엇을 하면 우정을 키울 수 있을까요?

이 장에서 배운 사회적 기술을 사용해 두 사람의 이야기에 결말을 만들어 보세요.

즉석 퀴즈

퀴즈를 풀면서 이 장에서 배운 내용을 확인해 보세요.

참 또는 거짓?

1. 승패를 잘 받아들이는 건 친구를 사귀고 관계를 유지하는 데 중요하다.

2. 아는 아이는 절친한 친구와 같은 것이다.

3. 누군가의 생일을 기억하는 건 그 사람을 아낀다는 걸 보여 주는 한 가지 방법이다.

4. 여자는 여자하고만 친구가 될 수 있다.

5. 사람들은 승패를 잘 받아들이는 사람과 더 기꺼이 어울리고 친구가 되고 싶어 한다.

결과

1. **참.** 승패를 인정하는 건 여러분이 함께 놀기 재미있고 패배를 감당할 만큼 충분히 성숙한 사람이라는 걸 보여 줍니다.

2. **거짓.** 아는 아이는 이름 정도를 아는 아이이고, 절친한 친구는 많은 걸 공유하고 함께 시간을 보내는 아이입니다.

3. **참.** 생일을 기억하는 행동은 상대에게 특별한 존재가 된 기분을 선사합니다.

4. **거짓.** 성별에 관계없이 친구를 사귀어도 괜찮습니다. 그런 방식으로 사람들과 잘 지내는 법을 더 배울 수 있어요. 그렇지만 어떻게 하든 여러분 마음입니다.

5. **참.** 지고 투덜대는 사람이나 이기고 으스대는 사람과 놀고 싶은 사람은 없습니다.

멋진 만남 만들기

　열한 살 대니얼은 학교 친구 몇 명을 잠옷 파티에 초대하고 싶습니다. 부모님은 친구를 세 명까지 불러도 좋다고 하셨어요. 대니얼은 누구를 초대할지 모르겠어요. 누구의 기분도 상하게 하기 싫기 때문이에요. 고민 끝에 자신을 집으로 초대했던 친구 세 명을 부르기로 했어요. 그 친구들은 좋다고 할 것 같았거든요. 용기를 내어 물었는데 친구 둘은 좋다고 했지만 한 명은 안 된다고 했습니다. 조금 실망스러웠지만 다음에 기회가 또 있겠지 생각했어요.
　대니얼은 들뜬 마음으로 그날이 오기를 손꼽아 기다리면서도, 한편으론 잠옷 파티를 여는 게 처음이라 긴장되기도 합니다.

나라면 어떻게 할까?

잠옷 파티가 순조롭게 진행되려면 대니얼에게 어떤 조언이 필요할까요? 이 장을 읽으면서 생각해 보세요. 이 장 끝부분에서 여러분이 대니얼의 이야기를 마무리할 기회가 주어집니다.

친구들과 뭔가 하는 건 친해지는 좋은 방법이야. 잠옷 파티를 하고, 영화관이나 박물관에 가고, 공원이나 야구 연습장에서 놀고, 쇼핑을 하고, 할 일은 아주 많아. 이 장에서는 초대하기와 초대받기의 이모저모와 각각의 상황에서 어떻게 행동해야 하는지 알아볼게.

친구를 초대할 때

아는 아이에서 친구로 관계가 발전하고 있다는 한 가지 신호는 학교나 공식 행사가 아닌 곳에서 만나는 거란다. 네가 누군가를 집으로 초대하거나 함께 어디에 가자고 제안하는 건 상대가 좋아서 더 친해지고 싶다는 의사를 전하는 행동이야. 상대가 네 가족을 만나고 네가 사는 곳을 보면 너에 대해 더 잘 알게 될 테니까.

누군가를 초대하기 전에

누군가를 초대하기 전에 몇 가지 생각해야 할 것이 있어.

무엇을 할까?: 맨 처음 할 일은 무엇을 할지 정하는 거야. 그냥 보드게임을 하며 오후를 보낼까? 점심을 먹을까? 잠옷 파티를 하거나 놀이공원에 다녀올 수도 있겠지. 생일 파티라면 장소와 행사, 음식을 미리 생각해야 해.

누구를 초대할까?: 누구를 초대할 거야? 누구와 재밌게 놀고 싶어? 누구와 더 친해지고 싶어? 필요하면 초대할 아이의 목록을 만드는 것도 좋아. 부모님께 목록에 올린 아이들을 어떻게 생각하시는지 한번 여쭤봐. 누구를 초대하면 좋을지 의견을 주실 수도 있으니까.

몇 명을 초대할까?: 친구를 몇 명이나 초대할까? 한 번에 한 명을 초대하면 쉬워. 그 친구에 대해 더 잘 알 수 있고, 동시에 모든 아이를 만족시켜야 한다는 부담도 없지. 그런데 친구들이 몇 명쯤 모여야 마음이 편할 때도 있어. 부모님께 친구를 몇 명까지 초대해도 되는지 여쭤보렴.

언제 초대할까?: 실제로 누구를 초대하기 전에 부모님께 친구를 부르기 좋은 날과 시간을 여쭤봐. 친구들과 먼저 계획을 짰는데 부모님이 안 된다고 하시면 곤란하니까.

초대하는 방법

자, 이제 어떻게 아이들을 초대할까? 학교에서 만나는 친구들은 쉬는 시간이나 점심시간에 물어보면 좋아. 한 아이에게만 묻고 싶으면 듣는 아이가 없을 때 물어보렴. 학교 식당에서 점심을 먹을 때처럼 아이들이 많은 곳에서 물었다가 다른 아이들이 우연히 들으면 초대를 받지 못한 것에 마음이 상할 수도 있거든.

친구가 같은 동네에 살면 그냥 다음번에 마주칠 때 물어보면 돼. 전화를 하거나 문을 두드려 물을 수도 있지(네 부모님께 먼저 여쭤보고). 친구가 좋다고 하면 전화번호나 이메일 주소를 받고, 네

것도 친구에게 알려 주렴.

  집 전화를 온 가족과 함께 쓰는 친구도 있고, 아빠나 엄마의 연락처를 알려 주는 친구도 있고, 자기 연락처를 주는 친구도 있을 거야. 전화를 할 때는 공손하게 전화 예절을 지켜야 해. 친구의 부모님이 전화를 받으실 땐 특히 더 그래야 하고. 그래야 좋은 인상을 남길 수 있어. 다음과 같이 해 볼까?

"안녕하세요. 저는 애덤이에요. 벤이랑 통화할 수 있을까요?"
"안녕하세요, 타나카 아저씨, 저 제이미예요. 잘 지내시죠. 사이키 집에 있나요?"
"안녕, 마야, 나 소피야. 혹시 지금 잠깐 통화할 수 있어?"

  친구가 집에 없거나 바쁘면 전화해 달라고 메시지를 남기렴. 친구가 네 연락처를 모를 경우에는 번호도 함께 남기고. 전화를 끊기 전에 "고맙습니다. 하루 즐겁게 보내세요." 또는 "감사합니다. 안녕히 계세요!"라고 말해.

  너무 이르거나 늦은 시간에는 전화하면 안 돼. 그런 행동은 대부분의 부모님들이 좋아하지 않아. 밤에 아이들의 통화 금지 시

친구 연락처 관리

휴일, 특히 여름 방학 전에는 친구들의 연락처를 반드시 받아 두세요. 그래야 학교에 가지 않을 때에도 친구들과 연락할 수 있으니까요. 친구들의 연락처는 잃어버리지 않을 곳에 보관하거나 부모님께 맡기세요. 휴대 전화가 있으면 연락처 목록에 입력해 두세요.

간을 정해 두는 가정도 있어. 밤 9시 이후에는 전화하지 않도록 하자.

친구가 휴대 전화를 가지고 있으면 전화를 하거나 문자를 보낼 수 있어. 간단하게 이야기하렴.

• 전화: "안녕, 샤이엔, 나 제시카야. 잘 지내지? 이번 주말에 나랑 놀 수 있나 해서 전화했어. 부모님께 여쭤봤는데 토요일은 괜찮다고 하셨거든."

• 문자: "안녕, 샤이엔, 나 제시카야. 이번 주말에 놀러 올래? 우리 부모님이 토요일은 괜찮대."

친구가 안 된다고 하면 다른 날을 제안할 수 있어. 친구가 또 거절하면 "알았어. 그럼 나중에 시간 날 때 연락해."라고 말해. 반드시 좋은 말로 대화를 끝맺으렴. 또는 문자로 "다음에 만나서 놀자. 얘기 나눠서 좋았어. 안녕!" 또는 "알았어, 그럼 나중에 만나자."라고 보낼 수도 있어.

모임 계획 세우기

좋아, 친구를 초대하고, 친구도 초대에 응했다고 가정해 볼까? 함께 무엇을 할 거야? 운동을 하거나, 머리와 손톱을 꾸미며 놀거나, 재밌는 영상을 보거나, 영화를 보러 가거나, 자전거를 타거나, 볼링을 치거나, 보드게임을 하거나, 노래방에 가거나, 그냥 이야기를 할 수도 있어. 필요하다면 친구가 오기 전에 같이 할 만한 일들을 목록으로 만들어 보렴. 너와 친구가 모두 좋아하는 걸 골라 봐. 그러면 친구가 와 있는 동안 고민하지 않고 재밌게 시간을 보낼 수 있어.

무엇을 할지 서로 의견이 다를 경우, 손님이 선택하게 양보하는 게 예의란다. 친구와 다투기 시작해서 둘의 힘으로는 해결이 안 될 때, 친구가 불공평하게 느껴질 때는 가족 중 어른을 불러서 도움을 청하렴. 이렇게 하면 상황이 나빠지는 걸 막을 수 있어. 간단히 "아빠, 이 문제를 해결할 수 있게 우리 좀 도와주세요."라고 해 봐.

친구가 원하는 걸 한참 해서 슬슬 지루하다면 다른 놀이를 제안해도 돼. 대신 예의를 갖춰 말해야 해. "우리 이제 다른 거 하고 노는 거 어

> **친구의 한마디…**
>
> "친구를 초대했을 때는 문제를 일으키지 않는 게 좋아요. 항상 친구에게 필요한 게 없는지 꼭 물어봐야 해요. 친구가 지루해하거나 소외감을 느끼지 않게 신경을 쓰고 공평하게 대해야 해요."   – 12세, 남자아이

제5장 멋진 만남 만들기

때?"라고. 친구가 좋다고 하면 고마움을 표시해 봐.

　친구와 즐겁게 시간을 보내려면 네가 양보해야 할 때도 종종 있어. 너는 친구가 하고 싶은 놀이를 하기 싫을 수 있지만 친구가 함께 시간을 보내려고 너희 집에 왔으니 양보하는 게 좋아. "그래, 그거 하자." 또는 "지금은 네가 가져온 게임을 하고 이따가 점심 먹고 나서는 다이아몬드 게임 할까?"라고 말하면서 말이지.

마무리할 시간

친구가 집에 갈 때가 되면, 함께 보낸 시간이 즐거웠고 다음에 또 같이 놀고 싶다는 걸 친구에게 표현해 봐.

"네가 놀러 와서 좋았어, 마르코! 우리 다음에 또 같이 놀자."

분위기가 어색하거나 다투게 된다면?

가끔 그렇게 되기도 한단다. 뭘 하고 놀지 합의하지 못하거나 싸울 수 있어. '손발'이 착착 맞지 않아 기대만큼 재밌게 놀지 못할 때도 있고. 함께 시간을 보내 봐야 마음이 잘 맞는지, 그렇지 않은지 아는 경우도 종종 있어. 서로 관심사가 다를 수 있다는 것도. 상대가 무례하게 행동하거나, 뭔가를 같이 하는 데 시큰둥할 수도 있지. 친구가 네가 아니라 네 형제자매와 놀거나, 네가 아끼는 물건을 함부로 다룰지도 몰라.

이런 상황이 벌어져도 여전히 예의를 지켜야 해. 친절하고 성의 있게 말해야 하고. 원하지 않으면 다시 만나자는 약속은 하지 않는 게 좋아.

"와 줘서 고마워, 케이샤. 학교에서 만나자!"

"남은 하루도 재밌게 잘 보내!"

네 행동 때문에 다투게 되었다면 반드시 사과해야 해. 네가 부당하게 행동했거나 화를 냈다면 친구는 함께 논 것에 대해 기분이 썩 좋지 않을 거야. 그러나 네가 책임감을 느끼고 미안함을 전하면서 다음에 더 잘하겠다고 하면 적어도 다음 기회가 있을 수 있어.

함께한 시간이 마음에 들지는 않았지만 친구로 남고 싶다면 친구에게 그런 마음을 이야기해서 문제를 해결할 수 있단다. 제7장을 읽고 우정을 방해하는 문제가 생길 경우, 친구와 말하는 법을 알아보렴.

★ 이렇게 해 봐요!

친구가 여러분이 아니라 여러분의 형제자매와 놀기를 좋아하는 것 같다면 친구가 오기 전에 형제자매 그리고 부모님과 이야기를 나누세요. 형제자매에게 다른 걸 하라고 부탁하세요. 형제자매도 동시에 자신의 친구를 불러서 놀거나 다른 친구의 집에 놀러 가는 것도 좋아요.

초대를 받았을 때

초대를 받고 좋다고 답하는 건 아주 쉬워. 이렇게 말하면 돼.

"좋아! 좋은 생각이야!"
"나야 좋지! 물어봐 줘서 고마워."
"난 좋아!"

초대를 받고 나면 다음 단계는 초대받은 내용을 자세히 파악하는 거야. 친구가 무슨 요일, 몇 시에 오라고 했는지 확인하렴. 전화번호나 이메일 주소를 받아야 해. 그래야 친구의 가족과 연락해서 교통편과 시간 같은 세부 사항을 의논해서 약속할 수 있어. 네 부모님께 허락도 받아야겠지?

사정이 있어 초대를 받아들이지 못하고 아쉬운 마음이라면 다음에는 가고 싶다고 상대에게 꼭 말하렴. 그래야 네가 변함없이 친구가 되고 싶어 한다는 걸 상대가 알 수 있어. 그런 마음은 다음과 같이 전하면 좋단다.

"아, 진짜 재밌겠다! 근데 난 이번 주에 안 돼. 다음에 만나도 될까?"

"물어봐 줘서 고마워! 난 이번 주는 안 되는데 혹시 다음 주는 어때? 괜찮으면 내가 우리 아빠께 여쭤볼게."
"아쉽다! 나도 갈 수 있으면 진짜 좋을 텐데."

여기까지 하고 나면 친구와 만날 수 있는 다른 날이 있는지 반드시 찾아봐. 네가 정말로 친구와 같이 시간을 보내고 싶어 한다는 걸 친구가 알 수 있게 말이지.

친구 집에 도착하기

도착하면 친구의 이름을 부르며 인사하렴. "제이스, 안녕!" 정도가 좋아. 친구의 부모님께 인사드리는 것도 잊지 말기. 존경과 예의를 표하는 행동이니까. "안녕하세요, 킹 아저씨. 초대해 주셔서 고맙습니다." 친구의 부모님을 만난 적이 있다면 "그동안 잘 지내셨어요?"라고 말하면 돼.

좋은 손님 되기

친구와 만났을 때 모든 것이 순조롭게 풀리기 바라면, 그래서 다시 초대받고 싶다면, 다음의 단순한 규칙에 따라야 해.

- 친구 집에 있는 물건을 만지기 전에 허락을 구하기. 마음에

드는 장난감을 보면 덥석 집어 들지 말고 "멋지다! 가지고 놀아도 돼?"라고 물어봐야 해.

- 친구나 친구의 부모님이 음식이나 음료를 건네면 "고마워." 또는 "감사합니다."라고 말하기.
- 무엇을 하고 놀지는 돌아가면서 정하기. 항상 네 마음대로만 하는 건 공평하지 않아. (손님이 정하게 양보하는 것도 친절한 행동이지만, 번갈아 가면서 정하는 게 더 공평하고, 상식적인 일이란다.)
- 친구와 함께 있으려고 왔으니 친구와 시간을 보내기. 친구의 형제자매와는 짧게 인사만 나누렴.
- 친절하게 행동하기. 욕을 하거나 친구를 놀리면 안 돼.
- 스스로를 잘 통제하기. 실내에서 뛰어다니거나 가구 위에서 마구 뛰면 안 돼. (이런 건 이미 알겠지!)
- 게임을 시작하면 네가 지더라도 끝까지 하기. 중간에 그만두는 건 정당하지 않아. 하던 게임을 끝낸 후 다른 게임을 하자고 제안하는 건 괜찮아.
- 게임의 규칙을 따르기. 먼저 의논하지 않고 게임의 규칙을 멋대로 바꾸면 안 돼.

친구가 거칠게 행동하거나, 패배를 인정하지 않거나, 반칙을 하면 게임 규칙을 다시 한 번 일깨워 줘. 그런 행동이 마음에 들지 않는다는 사실을 친구에게 표현해도 좋아. 그러나 그걸로 말싸움을 시작하지는 말고. 친구가 계속 그러면 대신 다른 걸 하자고 제안해 봐.

예상치 못한 일이 벌어졌을 때

친구와 있을 때 언제나 분위기가 좋은 건 아니야. 친구의 집에 머무는 동안 친구의 기분을 상하게 하거나, 실수로 뭔가를 망가

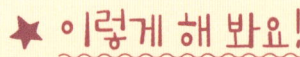

사과하는 방법을 알아봅시다.

1. 미안하다고 말하세요.
2. 여러분이 한 행동이 무엇인지, 그러면 왜 안 됐는지 말하세요.
3. 앞으로 다시는 그러지 않겠다고 상대에게 약속하세요.

예를 들어 볼까요? "게임에서 반칙해서 미안해. 좋은 행동이 아니었어. 다음엔 꼭 규칙을 지킬게."

가족과 연습하면 사과하는 것이 조금 편해질 수 있습니다. 사과 편지나 사과 카드를 쓰는 것도 좋은 생각이에요. 뭔가 큰 잘못에 대해 용서를 구한다면 특히 그렇습니다. 편지나 카드로 사과의 마음을 전하는 건 시간을 내서 글을 쓸 만큼 마음을 들여 미안해한다는 걸 나타냅니다.

뜨리거나, 가족의 규칙을 어기게 된다면 사과해야 해. 그래야 우정을 지킬 수 있어. 친구의 부모님께도 반드시 죄송하다고 말씀드려. 그렇게 하지 않으면 앞으로는 친구 집에 못 가게 될 수도 있어.

떠나야 할 때

즐겁게 시간을 보냈다고 친구에게 꼭 말하렴. 친구의 부모님께 초대해 주셔서 감사하다는 인사도 잊지 말고. 아래 방법으로 말하면 좋겠어.

"고마워, 애니카! 진짜 즐거웠어!"
"초대해 주셔서 감사합니다. 정말 재밌게 놀다 가요."
"정말 최고였어! 초대해 줘서 고마워. 다음엔 내가 널 우리 집에 초대할게!"

떠나면서 작별 인사를 할 때는 "좋은 하루 보내세요!"와 같은 말을 하는 것도 좋아.

친구의 집에 특별한 일로 초대를 받은 경우, 감사 카드나 편지를 보내 봐. 감사 카드는 구입할 수도 있고, 직접 만들어도 돼. 컴퓨터에 도움이 될 만한 프로그램이 있을 거야.

더 자주 어울리기

친구와 만나 즐거운 시간을 보냈다면 좋은 일이야! 지난번에 친구가 초대했다면 이번에는 네가 친구를 초대해 봐. 그게 좋은 시간을 이어 가는—그리고 우정을 키워 가는—방법이니까. 네가 친구를 초대했다면 머지않아 친구가 널 초대할 가능성이 높아. 그렇지 않으면 네가 그 친구를 또 초대해도 돼.

친구와 더 자주 어울리면서 아직 해 보지 않은 것들을 시도해 보렴. 항상 서로의 집에서 놀았다면 공원이나 영화관, 다른 재미있는 장소에 가자고 제안해 봐. 새로운 공통점을 발견할지도 몰라.

나라면 어떻게 할까?

이 장의 초반에 만났던 대니얼을 다시 떠올려 보세요(99쪽을 보세요). 여러분이라면 거창한 잠옷 파티를 어떻게 진행할까요? 이 장에서 배운 대로, 대니얼이 준비 단계에서 할 일이 몇 가지 있습니다. 활동 목록을 만드는 일 같은 것 말이죠. 대니얼이 예의를 지키고 상대를 배려한다면 아마 모든 일이 순조롭게 풀릴 겁니다. 친구가 도착한 때부터 다음 날 아침까지 대니얼의 이야기를 만들어 보세요.

아래 퀴즈를 풀면서 이 장에서 배운 내용을 확인해 보세요.

참 또는 거짓?

1. 누군가를 집에 그냥 초대하는 건 무례한 일이다. 상대가 먼저 초대하기를 기다리는 편이 낫다.

2. 어떤 아이가 나를 집으로 초대한 경우, 그 집에 들어서자마자 음식을 달라고 해도 괜찮다는 뜻이다.

3. 감사 편지는 친구와 친구의 가족에게 내가 즐겁게 시간을 보냈음을 전하는 좋은 방법이다.

4. 우리 집에 온 친구는 내가 어떤 놀이를 할지 고르도록 항상 양보해야 한다.

5. 얼마나 재밌게 시간을 보냈는지 초대한 사람에게 표현하는 확실한 방법은 바닥에 벌러덩 드러누워 더 놀다 가게 해 달라고 울면서 조르는 것이다.

결과

1. **거짓**. 먼저 초대하는 사람이 되어 상황을 이끄는 것도 좋습니다.

2. **거짓**. 필요한 게 있는지 질문을 받을 때까지 기다리는 편이 나아요. 그게 더 예의 바른 행동이니까요.

3. **참**. 감사 편지는 언제나 좋은 인상을 남깁니다.

4. **거짓**. 초대한 사람으로서 친구에게 놀이의 선택권을 주는 것이 더 깍듯한 행동입니다.

5. **거짓**. 사실, 이런 행동은 다시 초대받지 못하는 데 좋은 방법입니다!

자폐증과 주의력 결핍 및 과잉 행동 장애, 그리고 또 다른 질환이 우정에 미치는 영향

아홉 살 마이클은 새 학년이 되면 새로운 친구를 사귈 생각에 신이 납니다. 수업 시간과 점심시간에 만나는 모든 사람에게 말을 걸어요. 마이클은 심지어 선생님이 말씀하시는 도중에도 말을 하고, 다른 아이들이 이야기할 때도 대화에 끼어듭니다. 쉬는 시간에는 너무 흥분해서 재미로 아이들을 떠밀기도 합니다. 마이클은 친구들이 이런 행동을 좋아하지 않는다는 걸 알아차리지 못해요. 아이들은 이내 마이클을 피하기 시작합니다. 마이클은 자신이 뭘 잘못했는지 궁금해요.

나라면 어떻게 할까?

마이클은 자신을 통제하는 데 어려움을 겪는 듯합니다. 이런 점이 친구 관계에 영향을 미치고 있고요. 여러분이라면 마이클에게 어떤 조언을 하고 싶은가요? 이 장에서 이런저런 방법을 찾아보세요. 이 장의 끝에서 마이클 이야기에 행복한 결말을 만들어 볼 기회가 있을 거예요.

많은 아이들이 친구 사귀기를 힘들어하지만 어떤 아이들은 특별한 문제나 질환(때로는 '장애'라고도 해.)이 있어서 친구 관계가 더 어려워지기도 해. 이 장에서는 왜 이런 장애가 문제를 빚어내는지, 어떤 도움을 줄 수 있는지 알아볼 거야. 어떤 사람에게 장애가 있는지 없는지는 의사나 상담 전문가만 판단할 수 있어. 이 장을 읽고 나서 네게 (또는 친구에게) 이런 장애가 있다는 생각이 들면 부모님이나 학교 상담 선생님께 말씀드리렴.

장애란 뭘까?

'장애'는 '문제'를 가리키는 다른 말이야. 어떤 아이들은 행동과 감정에 영향을 미치는 장애를 가지고 있어. 아이들만 장애가 있는 건 아니야. 어른들도 장애가 있지. 장애가 있는 사람들 가운데는 약을 먹어서 도움을 받는 사람도 있고, 상담 전문가에게 도움을 받는 사람도 있어. 두 가지를 병행하는 사람도 있고.

흔히 볼 수 있는 장애는 다음과 같은 것들이 있어.

주의력 결핍 및 과잉 행동 장애 Attention Deficit Hyperactivity Disorder (ADHD)

ADHD, 즉 주의력 결핍 및 과잉 행동 장애가 있는 아이는 주의 집중에 곤란을 겪어. 대체로 지나치게 활동적이라 차분한 상태를 유지하는 걸 어려워해. 결과를 생각하지 않고 말하고 행동하기도 하지. 말을 너무 많이 하고, 남의 말을 자르고 끼어들어서 성가시게 하는 것처럼 보일 때도 있어. 이런 행동은 다른 아이들에게 짜증스러울 수 있어. ADHD가 있는 아이는 대개 체계적이지 않아서 시간 약속 같은 걸 어려워해. 자꾸 미루거나 잊어버리는 거지. 연락처를 잃어버려서 상대에게 전화를 못 하기도 하고.

자폐 범주성 장애 Autism Spectrum Disorder

자폐증이 있는 아이는 남과 소통하는 데 어려움이 많아. 아이들과 눈을 마주치고, 대화를 이어 가고, 다른 아이의 감정을 이해하는 것을 힘들어해. 상대의 기분을 상하게 하는 줄도 모르고 "새로 자른 네 머리 모양, 난 마음에 안 들어." 같은 말을 하기도 한단다. 자폐증이 있는 사람은 종종 **신체 언어**를 읽는 방법을 알지 못해. 이 말은 눈으로 보기만 해서는 남의 감정이 어떤지 짐작하기 어려워한다는 뜻이야. 그래서 자신이 하는 말에 상대가 흥미를 느끼는지 아닌지 잘 알아채지 못해. 듣는 사람이 없는데 뭔가에 대해 엄청나게 많은 말을 쏟아 낼 수도 있고.

이런 장애가 있는 아이는 조금 특이할 수 있어. 가령, 특이한 말투로 말하거나, 다른 아이들의 말을 모조리 따라 하거나, 신이 나면 손을 펄럭거리기도 해. 많은 경우 기차나 공룡, 지도처럼 어떤 대상에 푹 빠져 있어서 이에 대해 쉴 새 없이 말해. 집중하거나 흥미를 보이는 사람이 없는데도 말이지. 반대로 전혀 말을 하지 않거나 친구를 사귀는 데 무관심한 아이도 있어.

자폐증이 있는 아이는 소리나 냄새, 감촉에 몹시 민감한 경향도 있어. 너무 크게 말하는 사람이 있으면 자신의 귀를 막기도 해. 이런 행동이 남들에게는 상대의 말에 관심이 없다는 뜻으로 읽힌다는 사실을 알지 못하는 거야.

사회적 의사소통 장애 Social Communication Disorder

이 장애가 있는 아이는 다른 사람과 대화할 때 자폐 범주성 장애가 있는 아이와 똑같은 문제를 어느 정도 겪는단다. 신체 언어와 번갈아 가며 하는 대화, 이야기를 만들어 내는 것을 어려워하는 거지. 보통은 아이와 어른에게 말하는 방식이 다르다는 것도 알아차리지 못해. 우스갯소리나 농담을 이해하기 어렵기 때문에 심각하게 받아들이는 경우가 많아. 자폐가 있는 아이들과 달리 소리나 냄새, 감촉에 과도하게 예민하지 않고, 반복적인 행동을 보이지도, 관심 영역이 좁지도 않아.

우울 장애 Depression Disorder

우울 장애가 있는 아이는 주우울증 major depression과 마찬가지로 의기소침할 때가 많아. 뚱하거나 짜증을 부리거나 사소한 일에 벌컥 화를 내기도 해. 무엇을 해도 행복하지 않기 때문에 아무것도 하고 싶어 하지 않아. 생각이 부정적이고, 의사 결정을 힘들어하고, 자신을 흡족하게

여기지 못하고, 최악의 상황을 예상하지. 예를 들어, 대화를 하거나 뭔가 같이 하자고 누군가를 초대하고 싶어도 거절당할 것을 지레짐작하기 때문에 두려움이 앞서는 거야. 막상 그렇게 되면 기분이 더 나빠질 것 같거든.

양극성 장애 Bipolar Disorder 또는 기분 조절 곤란 장애 Disruptive Mood Dysregulation Disorder

양극성 장애가 있는 아이는 감정 기복이 있어. 신나게 장난을 치다가 금세 화가 나서 아무것도 아닌 일에 소리를 질러. 또는 며칠은 기분이 좋다가 며칠은 기분이 나쁘거나 우울하기도 해.

기분 조절 곤란 장애가 있는 아이는 짜증이 많고 사소한 일에 신가한 분노 발작을 보여. 학교에서는 성미를 다스리려고 부단히 애쓰지만 집에서는 그러지 못하는 경우가 많아. 작은 일에 격하게 화내는 친구를 지켜보는 입장에서는 무서울 수도 있어.

학습 장애 Learning Disorder (LD)

학습 장애가 있는 아이들은 총명하지만 두뇌가 다르게 작동해서 읽기나 맞춤법, 수학 같은 특정 과목을 배우는 데 곤란을 겪어. 이 때문에 학교 공부가 힘들어지지. 상대적으로 성적이 낮고, 자신에 대해 만족감을 느끼지 못하는 경우가 많아. 친구들과 어울려 노는 대신 숙제를 하는 데 추가로 시간을 쏟거나 개인 지도를 받아야 할 수도 있어.

사회 불안 장애 Social Anxiety Disorder (사회 공포증 Social Phobia)

사회 불안 장애가 있는 아이들은 사회적인 상황을 매우 두려워해. 남들이 자신을 나쁘게 생각할까 봐, 또는 엉뚱한 말이 불쑥 튀어나온다든가 뭔가 아주 부끄러운 행동을 할까 봐 걱정한단다. 잘 아는 사람과 있을 때는 대체로 편안해하지만 낯선 사람과 있을 때는 문제가 잘 생겨. 몸에서 열이 나서 땀을 흘리거나 손을 떨거나 복통 또는 두통을 호소하기도 해. 사회 공포증이 있는 아이들은 대개 사람이 많은 장소를 꺼리기 때문에 새로운 친구를 사귀기가 더 어려워.

명심할 것이 있어. 누군가 이런 장애가 있는지는 의사나 상담 전문가만 확실하게 말할 수 있어. 이 가운데 어떤 장애에 대해 궁금한 점이 있으면 엄마, 아빠나 의료인, 학교 상담 선생님께 여쭤 봐. 그분들이 도움을 줄 거야.

장애가 있는 아이의 친구가 된다는 것

　이런 장애가 있는 아이와 친구가 되는 건 때때로 힘들 수 있어. 친구가 조금 다르다는 이유로 다른 아이들이 너를 놀릴지 몰라. ADHD가 있는 친구와 만나기로 했는데 친구가 연락을 깜빡하거나, 네 말허리를 자르고 자꾸 끼어들어서 거슬릴 수도 있어. 양극성 장애나 우울증이 있는 친구가 작은 일에 엄청나게 화를 내서 속상할 때도 있을 테고. 사회 공포증이 있는 친구가 사람이 많은 장소에 가는 걸 무서워하기 때문에 함께 영화관에 못 가서 아쉬울지 몰라. 자폐가 있는 친구가 끝없이 열차 지도 이야기만 하면 대화를 나누기 힘들 거야. 학습 장애가 있는 친구는 방과 후에 개인 지도를 받아야 해서 같이 놀 시간이 적을 수 있겠지.
　하지만 이런 질환이 있는 아이도 다른 아이들과 마찬가지로 친구를 사귀고 싶어 한단다. 그리고 그 아이도 좋은 친구일 수 있어. 관심사를 공유하고, 함께 재미있게 놀 수 있으니까. 친구의 어려움에 대처하는 경험은 더 예민하고, 끈기 있고, 성숙해지는 법을 익히는 데 도움이 돼. 친구를 위해 나서는 행동을 통해 용기를 배우고 배려를 표현할 수도 있어. 이런 것들은 모두 훌륭한 품성이란다.
　장애가 있는 아이와 친구가 되고 싶다면 그 아이의 장애에 대해 직접 물어보렴. 그래야 장애를 더 잘 이해할 수 있어. 먼저 상대에게 허락을 구해야겠지. "너의 ADHD에 알고 싶은데 물어봐도 될까?" 장애를 잘 이해하면 필요할 때 인내심을 좀 더 발휘할 수 있어. 유익하기도 하고. 다음번에 ADHD를 가진 친구가 거칠게 행동해도 "아, ADHD 때문에 들떠서 그렇구나."라고 다시 생각하는 거지.

친구가 자신의 장애나 행동을 나쁜 것으로 느끼게 만드는 건 결코 좋지 않아. 그러다가는 친구를 잃을 수 있어. 친절한 태도도 아니고. 그렇지만 친구의 행동이 못마땅하다면 그 사실을 이야기하렴. 다음과 같은 방법으로 말이지.

"존, 네가 계속 내 말을 끊는 게 신경 쓰여. 내가 말을 끝낼 때까지 좀 기다려 줄래?"

"알리야, 점심시간에 내 친구들이랑 이야기하기 싫었다니 나도 마음이 안 좋다. 내가 먼저 친구들한테 널 소개하면 네가 좀 더 편할까?"

"리비, 네 가방을 떨어뜨렸다고 네가 나한테 소리를 질러서 속상했어. 그냥 실수였는데 네가 소리를 지르는 바람에 진짜 깜짝 놀랐거든."

친구가 장애 이야기를 네게 했다고 해서 모두에게 그 사실을 말해도 되는 건 아니야. 다른 아이들이 이미 알 수도 있고, 그렇지 않을 수도 있어. 그런데 보통은 이런 정보를 알리고 싶어 하지 않거든. 네게 말한다면 너를 믿는 거야. 남에게 말해도 좋을지 잘 모르겠다면 친구에게 직접 물어보렴.

네가 장애를 가졌다면

네가 만약 하나 또는 그 이상의 장애를 가지고 있다면 그 정보를 친구와 공유하는 것이 편안할지 생각해 봐야 해. 단지 알아 가는 단계라면 결정을 내리기 어려울 수 있어. 일단 알리고 나면 누가 또 알게 될지 모르니까.

그렇지만 장애가 있는 건 창피하거나 부끄러운 일이 전혀 아니야. 왼손잡이와 비슷한 거란다. 대다수 사람들이 오른손잡이다 보니, 왼손잡이라는 이유로 어떤 일이 더 어려울 수 있는 것처럼 말이야. 하지만 그건 네가 타고난 것이란다. 친구에게 말하면 친구가 네 어려움을 이해하고 친구로 남는 데 도움이 돼.

장애가 있다는 사실 때문에 친구 관계가 어렵더라도 포기하지 마. 그저 남들보다 조금 더 노력해야 한다는 뜻이야. 자신을 통제

약물

약을 먹어야 한다면 반드시 의사 선생님 말씀대로 복용하세요. 약을 먹지 않으면 행동을 통제하기가 더 어렵습니다. 그렇게 되면 친구를 사귀고 우정을 지키려는 여러분의 노력을 그르칠 수도 있어요. 약을 먹고 나서 드는 기분이 싫다면 의사 선생님께 이야기하세요.

하려고 좀 더 애쓰면 돼.

장애가 어떤 도전을 안겨 주는지 아는 것이 중요하단다. 그래야 문제가 생길 때 이유를 알 수 있으니까. 그런데 장애가 있다는 사실이 네 행동을 설명할 수는 있어도 누군가를 다치게 하거나 함부로 행동할 핑계가 되지는 않아. 실수를 하면 솔직하게 인정하고, 필요하다면 사과해야 해.

다음은 문제에 대처하는 '그리 좋지 않은 방법'과 '더 나은 방법'이야.

- 그리 좋지 않은 방법: "이크, 내 ADHD 때문에 멋대로 군 거야. 내 잘못이 아냐."
- 더 나은 방법: "미안, 내가 너무 흥분했어. 난 하루가 끝날 때쯤 이렇게 되곤 해."

- 그리 좋지 않은 방법: "나 화 많이 내는 거 알잖아. 그냥 나부터 하게 해 주면 안 돼?"
- 더 나은 방법: "너한테 소리 질러서 미안해. 내가 가끔 과할 때가 있어. 그러지 않으려고 하는데 어떨 땐 어렵더라고."

나라면 어떻게 할까?

이 장 맨 앞(116쪽)에서 만난 마이클을 떠올려 보세요. 마이클의 ADHD는 다른 아이들과 어울리는 데 영향을 미치고 있어요. 여러분이 마이클의 친구라면 어떻게 도와줄까요? 여러분이 마이클이라면 어떻게 다르게 행동할까요? 마이클과 친구들이 ADHD에 대해 이야기하고 마이클의 사회적 기술을 개선하도록 돕는 이야기를 만들어 보세요.

즉석 퀴즈

이 장에서 배운 걸 확인해 봅시다.

참 또는 거짓?

1. 장애가 있는 아이와 친구가 되는 건 너무 힘든 일이다. 그럴 가치가 없다.

2. 장애를 이해하면 친구를 더 잘 이해할 수 있다.

3. 장애가 있다면 친구한테 말하는 건 결코 도움이 안 된다.

4. ADHD 같은 장애가 있다면 내키는 대로 행동해도 괜찮다. 어차피 ADHD 때문에 그러는 거니까.

결과

1. **거짓.** 장애가 있는 아이들은 멋진 친구가 될 수 있어요. 게다가 장애가 있는 친구들과 사귀면서 새로운 역량을 키울 수 있습니다.

2. **참.** 다른 사람을 더 깊이 이해하는 법을 배우는 건 우리가 갖추어야 할 훌륭한 우정의 기술입니다.

3. **거짓.** 장애가 있을 때 상대에게 말하고 말고는 여러분이 결정할 문제입니다. 말할 경우, 친구가 여러분을 더 잘 이해하는 데 도움이 되겠지요.

4. **거짓.** 누구나 항상 자신의 행동에 책임을 져야 합니다.

싸움과 상처받은 감정, 그 밖의 우정 문제를 다루는 방법

세라는 뮤리엘과 일 년 내내 친구로 지냈습니다. 함께 놀고, 점심시간에도 자주 같이 앉았어요. 그런데 세라는 뮤리엘이 열두 번째 생일 잠옷 파티에 자신을 초대하지 않았다는 걸 방금 알게 됐어요. 마음이 상했고, 자신이 뭘 잘못했는지 궁금해졌어요. 최근 들어 세라와 뮤리엘은 예전만큼 이야기를 많이 하지 않습니다. 세라는 뮤리엘에게 이 이야기를 꺼내고 싶지만 뮤리엘을 화나게 할까 봐 겁이 나요. 둘의 우정이 더 이상 끈끈하지 않을까 봐 불안하기도 하고요. 뮤리엘한테 어떻게 된 거냐고 물었다가 무슨 이야기를 들을지 걱정됩니다.

나라면 어떻게 할까?

여러분이라면 뮤리엘에게 말을 꺼낼까요? 아니면 다른 친구들에게 어떻게 생각하는지 물어볼까요? 아무 일도 없는 척 넘어갈까요? 이 장을 읽으면서 생각해 보세요. 143쪽에서 이 이야기의 결말을 만들어 볼 겁니다.

모든 우정은 때때로 문제에 부딪혀. 지극히 일상적인 일이지. 네가 가족 구성원 모두, 친구 모두와 항상 잘 지내지는 못하는 것과 마찬가지야. 이런 종류의 갈등은 흔하지만 그렇다고 문제를 모른 척하고 모든 게 괜찮아지길 기대할 수는 없어. 사실, 상처받은 감정이나 싸움, 말다툼을 다루는 방식이 문제를 해결할지, 우정을 잃을지를 판가름한단다.

도대체, 무슨 일이 일어난 걸까?

많은 경우, 친구와의 갈등은 오해에서 비롯돼. 친구가 전화나 문자에 답하지 않으면 아마 거부당한 기분이 들 거야. 친구는 널 밀어낼 의도가 없었다 해도 여전히 상처가 되지. 학교에서 친구가 널 피하는 것처럼 보일 때도 비슷할 거야. 때로는 친구들끼리 무슨 게임을 할지 또는 어떻게 게임을 할지를 놓고 말다툼을 하게 돼. 못되게 굴려고 작정한 사람은 아무도 없지만 어쨌든 기분이 상하지. 아이들은 종종 무슨 일이 일어날지, 또는 자기 행동이 남에게 어떤 영향을 줄지 전혀 생각하지 않고 행동을 하기도 한단다.

친구의 행동 때문에 감정이 상했다 해도 친구가 일부러 상처를 줬다고 넘겨짚으면 안 돼. 단순히 실수였거나, 네가 그로 인해 어떤 생각을 할지 친구는 미처 생각하지 못했을 거야. 아니면 친구가 그날 기분이 별로였을 수도 있고. 우리 모두 종종 그런 날이 있잖아.

물론 친구가 네게 화가 났을 가능성도 있어. 하지만 물어보지 않고서는 친구의 감정을 알 수 없어. 보통은 이 부분이 갈등을 다루는 데 가장 어렵지. 고민이 될 거야. 이 이야기를 꺼내야 할까? 전화를 할까, 문자를 할까? 다시 만날 때까지 기다렸다가 얼굴을 보고 이야기할까? 너무 화가 나는데 소리를 막 질러야 할까? 친구가 한 행동을 다른 애들한테 말할까? 혼자만 알고 있을까? 그냥 그 애를 피해 버릴까?

친구에게 문제에 대해 말을 꺼낼지 말지 결정해야 할 때, 스스로 몇 가지 질문을 던져 보렴. 결정에 도움이 될 거야.

- 얼마나 큰 문제인가?

사소한 문제라면 그냥 넘기는 게 좋아. 최소한 처음에는 그렇게 하렴.

- 자주 일어나는 일인가?

자주 일어나는 일이라면 우정에 해가 될지 모르니 친구와 이야기해야 해.

- 그 문제 때문에 마음이 상해서 친구를 피하고 있는가?

친구를 피한다고 해결되는 건 아무것도 없어. 오히려 상황이 악화될 수 있어. 친구를 피하고 있다면 문제에 대해 이야기할 때가 됐다는 좋은 신호란다.

- 이 우정이 나에게 얼마나 중요한가?

그 친구가 네게 매우 중요한 존재라면 문제를 해결하려고 노력할 만한 가치가 있어.

대개는 해결할 문제가 있으면 친구와 직접 이야기하는 편이 가장 좋아. 문제가 클수록 얼굴을 맞대고 대화하는 것이 중요해. 그런데 남들 앞에서 이야기하는 건 좋지 않아. 난처해지기 쉽거든. 두 사람 모두 평소와 다르게 행동해야 한다는 압박감을 느낄 수 있어. 예를 들어, 친구가 속으로는 화해하고 싶지만 멋있어 보이려고 화난 것처럼 행동할지 모른단 뜻이야.

화가 난 상태로는 어떤 말을 남기거나 문자 또는 이메일을 보내고 싶더라도 참아 보렴. 일단 보내면 돌이킬 수 없어. 그리고 그런 내용을 온라인 공간에 남겨서는 안 돼. 어디든 올리고 나면 네가 한 말을 모두가 보게 돼. 그 사실에 친구는 마음이 더 상할 수 있어. 다른 아이들에게도 네가 형편없어 보이고. 게다가 친구의 반응을 바로 볼 수 없을 때는 상처가 되는 말을 내뱉기 쉬워. 얼굴을 보면서도 같은 말을 할지 한번 생각해 봐. 못하겠다면 그런 말은 문자나 온라인으로도 하지 않는 게 좋아.

> **친구의 한마디…**
>
> "저는 친구와 문제가 있으면 일이 벌어진 직후에 이야기하려고 해요. 그래야 그 문제가 우정을 가로막는 상황을 피할 수 있으니까요."   - 12세, 여자아이

터놓고 말하기

의견 충돌의 이유가 무엇이든, 문제를 해결하는 건 친구 사귀기의 가장 중요한 부분 가운데 하나란다. 갈등은 일어나기 마련이기에, 갈등을 다루는 방법을 지금 배워 두면 앞으로도 보탬이 될 거야. 갈등을 풀어 가는 건 우정을 지키는 일일 뿐만 아니라 중요한 삶의 기술을 배우는 과정이라고 할 수 있어.

갈등을 다룰 준비가 됐다면 이야기하기 좋은 때를 찾으렴. 친구가 급히 수업에 들어갈 때나 뭔가 하고 있는 도중, 버스에 올라탈 때는 말하지 않는 게 좋아. 적당한 때를 잡아 친구에게 물어봐. "잠깐 시간 좀 있어? 중요하게 할 말이 있어."

어떤 말을 할까? 갈등에 대해 말할 때는 '나-메시지'를 사용하는 것이 가장 좋아. '나-메시지'는 감정을 상대와 나눌 때 "내 생각에" 또는 "나는 ~한 느낌이다"라는 표현을 쓰는 방식을 말해. 속상하다, 화나다, 상처받다 같은 감정을 나타내는 단어를 넣어서 **네가** 느낀 감정을 상대에게 전해 봐. 어떤 일로 친구를 탓하거나 친구의 행동을 지적하는 것보다 이 방법이 훨씬 더 효과가 좋아. 상대를 몰아세울 때는 "넌 항상 체육 시간에 날 무시하잖아!"라는 식으로 말하게 돼. 그런 말을 들으면 친구는 부당하게 자신을 비난하는 것 같아서 화가 날 거야. 그러다 결국 싸움으로 이어지지. 대신 '나-메시지'를 써서 말해 보렴. "나는 네가 체육 시간에 날 무시하는 것 같아서 기분이 나빴어."라고.

아래에 친구와 갈등에 관한 대화를 시작하는 몇 가지 예를 들어 볼게. 말하는 사람이 어떻게 '나-메시지'를 사용해서 친구에게 잘못을 돌리지 않으면서도 자신의 감정을 표현하는지 살펴보렴.

"안녕, 마이, 이야기 좀 할 수 있을까? 나는 네가 생일 파티에 날 초대하지 않았을 때 정말로 기분이 나빴어. 네가 왜 그랬는지 도무지 모르겠어. 혹시 내가 뭐 잘못했어?"

"그랜트, 축구장에서 네가 다른 애들 앞에서 날 놀렸을 때 진짜 괴로웠어. 네가 나한테 그런 행동을 한 게 속상하더라. 그리고 네가 왜 그랬는지 모르겠어. 너 혹시 나한테 뭐 화난 일 있어?"

두 사례 모두에서 말하는 사람은 자신이 속상한 이유를 말하고 기꺼이 어느 정도 책임을 지겠다는 의사를 상대에게 전하지. 그렇게 하면 상대는 조금 더 이야기하고 싶은 마음이 생겨. 네가 어느 정도 잘못을 인정하면 친구도 그럴 가능성이 높아. (이건 가족끼리도 통해!)

친구와 이야기할 때는 반드시 상대를 존중하면서 차분한 어조로 말하렴. 그러는 편이 소리를 지르거나 욕을 하거나 친구를 깔아뭉개는 것보다 더 좋은 반응을 이끌어 낸단다.

- 그리 좋지 않은 방법: "네가 어제 나한테 재수 없게 굴었잖아! 나 진짜 열 받았어!"
- 더 나은 방법: "저스틴, 나 어제 네가 날 어떻게 대하는지 보고 정말 많이 속상했어. 우리 이야기 좀 할까?"

친구에게 네 감정을 말하는 건 겨우 첫 단계일 뿐이야. 친구가 하는 말을 잘 듣는 것도 그 못지않게 중요해. 친구가 먼저 화내면서 너를 원망할 수 있어. 친구를 화나게 했던 지난 일을 끄집어낼지도 모르고. 아니면 너를 속상하게 만든 걸 정말 미안해하면서 사과할 수도 있지. 어느 쪽이든 귀 기울여 듣고 열린 마음을 유지하렴. 중간에 말을 끊거나 제대로 듣지 않으면 친구의 감정을 이해할 수 없어.

> ★ 이렇게 해 봐요!
>
> 문제에 대해 말을 꺼내기가 겁날 수 있어요. 어른들조차 쉽지 않은 일입니다. 갈등을 풀 수 있을지 걱정되면 친구와 얼굴을 마주보기 전에 무슨 말을 하고 싶은지 먼저 적어 보세요. 하고 싶은 말을 가족에게 하면서 연습하는 방법도 있습니다.

친구가 화났을 때

네게 화가 난 친구가 이야기를 하고 싶어 한다면 네가 할 수 있는 최선의 행동은 잘 듣는 거란다. 네 행동이 그저 실수였다 하더라도, 또는 상대에게 상처를 주는지 몰랐다 하더라도, 친구가 하는 말을 잘 들으렴. 갈등 속에서 네가 한 역할에 대해 사과하고, 다시는 그러지 않겠다고 친구 앞에서 다짐해 봐. 그게 그나마 친구의 마음을 풀 수 있는 유일한 방법이야. 친구의 기분이 나아지게 돕는 것만이 친구 사이로 돌아가는 방법이고.

네 탓이 아니라 생각하더라도 사과를 하면 문제 해결에 도움이 돼. 사과는 단순히 잘못을 인정하는 것이 아니라 친구의 기분을 풀어 주는 행동이야. 112쪽에서 사과하는 법을 배웠잖아? 세 가지를 기억하렴. 미안하다고 말하기, 네가 무엇을 했는지 말하기, 앞으로 다시는 그런 일이 없을 것이라고 다짐하기.

프랑코: 지난번에 네가 내 머리 모양이 못난이 같다고 놀린 거 진짜 마음에 안 들었어.
타일러: 미안해, 프랑코. 그냥 웃기려고 한 말이었어. 네 기분을 상하게 할 생각은 없었어. 다시는 안 그럴게.

사과할 때는 반드시 진심을 담아야 해. 그러지 않으면 미안한 척한다는 걸 친구가 알거든.
물론 단순한 사과만으로는 충분하지 않을 때도 있어. 친구의 마음을 아프게 했다면 앞으로는 더 신중해야 해. 그래야 네가 친구를 배려하고 또 다른 상처를 주지 않으

친구 빼앗기

어떤 아이들은 다른 아이가 자신의 친구를 '빼앗았다'고 투덜거립니다. 친구가 새로 나타난 누군가와 시간을 많이 보내는 바람에 여러분이 홀로 남겨지면 속상할 거예요. 그런 일에 화나지 않을 사람이 누가 있겠어요?

그렇지만 사실은 아무도 여러분의 친구를 '빼앗지' 못합니다. 친구는 소유하는 것이 아니니까요. 우리는 친구를 가질 수 없습니다. 친구가 다른 아이와 많이 어울리기 시작했다면 존중하는 태도로 차분하게 그 친구에게 이야기하세요. 이렇게 말할 수 있겠죠.

"올리비아, 네가 내가 아니라 사누라하고 시간을 많이 보내서 많이 속상해. 네가 나랑은 더 이상 친구로 지내기 싫은 것 같아서 슬프고. 혹시 내 생각이 맞아?"

려고 조심한다는 걸 보여 줄 수 있어. 이를테면, 친구 옷을 보고 놀려서 친구가 화냈다면 더 이상 그러지 않겠다고 약속하렴. 그리고 그 약속은 꼭 지켜야 해.

 용서하기

　용서는 누군가에게 화내는 걸 멈추고, 상처받거나 분한 감정을 내려놓는 걸 뜻한단다. 네가 누군가를 용서할 때, 너 역시 기꺼이 네 잘못을 인정하고, 상대의 사과 또한 기꺼이 받지. 이미 일어난

친구의 한마디…

"한번은 저랑 친구가 말다툼을 했어요. 점심시간에 마실 걸 들고 게임을 하다가 제가 실수로 친구의 음료수를 쏟은 거예요. 친구는 화가 많이 났고, 우리는 그 일로 다퉜어요. 둘 다 기분이 나빴어요. 나중에 우리는 서로 미안하다고 사과하고 다시 친구로 지내기로 했어요."

― 10세, 여자아이

일을 뒤로하고 앞으로 나아가는 거야. 용서하는 행위는 힘든 갈등을 더 좋은 친구가 될 계기로 만드는 거란다.

물론, 용서는 어려워. 사과보다 더 어렵지. 한 가지 기억할 건 완벽한 사람은 없다는 사실이야. 우리는 모두 실수를 하고, 가끔은 실수로 가장 가까운 친구에게 상처를 줘. 서로 용서하는 건 갈등 때문에 우정이 끝나는 걸 막는 방법일 뿐만 아니라 실제로 우정을 더 돈독하게 하는 방법이기도 해.

문제 해결하기

사과와 용서를 하고 난 다음, 할 일이 한 가지 더 남아 있어. 바로 문제를 해결하는 거야. 오해 때문에 생긴 문제라면 앞으로 그런 일이 다시 일어나지 않게 할 방법을 생각해 볼 수 있어. 친구의 전화를 못 받았을 때 더 빨리 연락을 주기로 하거나, 도시락으로 친구를 놀리지 않기로 다짐하면 돼. 또는 친구가 점심시간에 네 자리를 잡아 두기로 약속할 수도 있지. 갈등을 해결하는 과정 가운데 하나는 앞으로 감정이 상하지 않으려면 어떻게 해야 할지 파악하는 일이야.

갈등에 대처하는 방법에 따라 친구 관계를 유지할지, 친구를 잃을지가 결정될 수 있어. 화해할 때는 계속 상대를 존중하고 말투에 주의해야 해. 여전히 화가 나더라도 차분하게 행동하렴. 소리를 지르거나 말다툼을 하면 우정을 지킬 가능성이 산산조각 날 수도 있으니까.

불친절한 방식
"넌 제정신이 아냐!"
"말도 안 돼! 어떻게 그런 생각을 해?"
"미련한 소리 하지 마!"

친절한 방식
"왜 그렇게 생각해?"
"내 생각은 좀 달라."
"난 동의하기 어려운데. 내 입장을 들어 볼래?"
"난 그런 식으로는 생각해 보지 않았어. 그 부분은 나도 생각 좀 해 봐야겠다."

가끔은 문제에서 떨어져 잠시 쉬는 것이 보탬이 된단다. 당장 이해하기 어려우면 친구한테 "이 이야기는 당분간 하지 말자. 내일 다시 생각해 보든가 하는 편이 좋겠어."라고 말해 보렴. 잠깐 쉬는 시간을 가지면 마음을 가라앉히고 친구 입장에서 문제를 볼 수 있어. 문제를 해결하기 위해 **친구**가 해야 할 일에만 집중하는 게 아니라 네 행동을 어떻게 바꿀지 생각하면 갈등이 풀릴 가능성이 높아져. 우정은 쌍방향이니까.

친구와의 문제를 해결하려고 최선을 다하는데 어떤 방법도 효과가 없는 것 같다면 어른에게 도움을 청할 때야. 스스로 문제를 해결하려고 이미 노력했다는 사실을 부모님이나 선생님, 다른 어른이 아시면 더 잘 도와주실 거야.

이렇게 부탁하면 돼.

"아빠, 좀 도와주실래요? 우리가 티격태격 다투는데 해결하는 법을 모르겠어요."
"리 선생님, 니샤와 제가 점심시간에 사이좋게 지내기 어렵고 자꾸만 말다툼을 하게 돼요. 이 문제를 해결하게 도와주시겠어요?"

갈등에 잘 대처하고, 갈등을 원만하게 풀어 가면 이전보다 더 좋은 친구가 될 수 있어. 갈등을 해소하는 그 어려운 일을 기어코 해낸다는 건 그 우정이 네게 얼마나 중요한지 친구에게 보여 주는 일이니까. 그런 이야기를 하면서 친구에 대해 새로운 걸 알게 될 수도 있고.

나라면 어떻게 할까?

이 장 맨 처음(129쪽)에 나오는 세라와 뮤리엘에게 돌아가 봅시다. 세라는 뮤리엘과의 우정이 시들해지는 기분이 들지만 아무것도 하지 않았어요. 세라가 할 수 있는 일은 무엇일까요? 세라가 문제를 해결하는 데 도움이 될 만한 계획을 세워 보세요.

즉석 퀴즈

이 장의 퀴즈를 풀어 볼까요?

참 또는 거짓?

1. 많은 사람들이 친구에게 우정의 문제에 대해 이야기할 때 긴장한다.

2. 친구와 문제가 있으면 얼굴을 맞대고 이야기하는 편이 낫다.

3. 친구의 감정을 상하게 했을 때 사과하는 건 매우 중요하다.

4. 누군가를 용서한다는 건 시간을 되돌려 갈등이 전혀 없었던 상태로 돌아가는 것이다. 마법처럼!

결과

1. **참.** 많은 사람들이 문제에 대해 말을 꺼낼 때 겁을 먹습니다. 하지만 연습하면 쉬워져요.

2. **참.** 문자나 전화로 이야기하기보다 직접 만나는 편이 좋습니다. 상대방의 반응을 볼 수 있기 때문이에요. 얼굴을 마주하면 못된 말을 하기가 더 어렵기도 하고요.

3. **참.** 사과는 친구의 기분이 풀리도록 돕는 최선의 방법입니다.

4. **당연히 거짓.** 그렇지만 용서가 친구와 여러분의 기분을 더 나아지게 할 훌륭한 방법임에는 틀림없어요.

우정이 끝날 때

4학년 마크와 5학년 로베르토는 오랫동안 단짝이있습니다. 거의 날마다 만나서 자전거를 타고, 농구를 하고, 시냇가 진흙탕에서 장난감 병정을 가지고 놀았지요. 그러다 동네에 새로운 아이들이 이사를 왔어요. 나이도 조금 더 많고 농구도 더 잘하는 아이들이었어요. 로베르토는 그 아이들과 더 어울리기 시작하면서 함께 놀자고 마크네 문을 두드릴 일이 없어졌습니다. 이제 마크가 같이 놀려고 농구장에 가면 다른 아이들이 인원은 이미 충분하다고 말해요. 마크는 로베르토와 놀던 때가 그립습니다. 요즘은 혼자 집에서 놀아요. 마크는 자신이 뭘 잘못했는지, 로베르토와 다시 친구가 될 방법이 있을지 궁금합니다.

나라면 어떻게 할까?

여러분이라면 어떤 감정을 느끼는지 로베르토에게 말할 건가요? 아니면 우정이 시들해지도록 그냥 둘 건가요? 이 장을 읽고 다시 이야기로 돌아와 결말을 만들어 보세요.

운이 좋다면 어릴 적 친구 몇몇과 평생 좋은 관계를 유지할 수 있지만 많은 우정이 그렇게 오래가진 않아. 대체로 사이가 서먹해지지. 더 이상 공통점이 예전처럼 많지 않아서 점점 덜 만나게 되는 거야. 누군가 이사를 가는 경우도 있어. 잘 지낼 때보다 싸울 때가 더 많은 까닭에 끝나는 우정도 있고. 이런 '이별'은 힘든 일이지만 누구에게나 일어난단다.

왜 우정이 끝날까?

우정은 여러 가지 이유로 끝나. 사람은 나이가 들면서 변하고, 새로운 친구를 만나거나 새로운 관심사가 생기지. 변화는 성장의 일부이고, 그 결과 오랜 친구와의 공통점이 점차 희미해지기도 해. 함께 있어도 옛날만큼 즐겁지 않다는 걸 깨닫는 거야.

축구팀이나 동아리, 또는 같은 반에 속해 있어서 친했던 친구가 있다고 해 볼게. 그런데 축구 시즌이나 학년이 끝나면 그전만큼 만나지 못해서 우정을 지속하기가 어려워져. 서로 굳이 만나려는 노력을 하지 않는 거야.

이사는 우정이 끝나는 가장 흔한 이유란다. 기술이 발전해 좋은 것 중 하나는 사람들이 멀리 떨어져 살아도 연락하고 지내면서 이런저런 일을 함께하기 쉬워졌다는 점이지. 친구를 찾아갈 기회가 생기기는 해도 원하는 만큼 자주는 아닐 거야. 그래도 서로 문자나 이메일로 연락을 주고받거나 영상 통화를 할 수 있어. 그럼에도 불구하고 그 역시 수고스러운 일이라, 아이들은 새 친구를 사귀기 시작하면 멀리 있는 친구에게 흥미를 잃을지 몰라. 어떤 우정이 중요하다면 연락을 유지하는 데 더 많은 노력을 기울여야 해.

한 아이는 모범생인데 다른 아이는 자꾸 문제에 휘말려서 우정이 끝나는 경우도 종종 있어. 친구가 거짓말을 하거나, 속임수를 쓰거나, 물건을 훔치거나, 다른 사람을 해치거나 괴롭히기 시작하면 그런 아이와 더 이상 친구로 남기 싫다고 마음먹을 수 있어. 부모님은 이 친구가 나쁜 영향을 준다고 못마땅하게 여기실 테고. 나쁜 선택을 하는 아이와 함께 시간을 보내면 너도 나쁜 행동을 하기 쉬워. 남에게 상처를 주는 아이들은 크면서 법적인

> **친구의 한마디…**
>
> "제 친구 중 하나는 처음에 모범생이었어요. 그런데 언젠가부터 형편없이 굴고, 문제에 휘말리고, 저한테 나쁜 짓을 하라고 부추기기 시작했어요. 전 그게 마음에 안 들었죠. 그래서 '난 너랑 더 이상 친구로 지낼 수 없을 것 같아.'라고 말했어요." - 9세, 여자아이

문제에 휘말릴 가능성이 높아. 친구가 그런 행동을 하지 않게 네가 도울 수 있지만 친구가 달라지기를 원하지 않으면 그 우정은 끝나게 두는 것이 최선이야.

어떤 우정은 일방적이야. 우정을 유지하기 위해 한 사람이 다른 사람보다 훨씬 많은 노력을 쏟는다는 뜻이지. 친구에게 만나자고 계속 전화하는데 그 친구는 연락하지 않는다면, 네가 멋진 공원 옆에 산다는 이유로 여름에만 친구로 지내고 싶어하고 그 밖의 시간에는 너를 모른 척한다면 그건 부당한 일이야.

우정은 친구와 싸워서 끝나기도 해. 둘 중 한 사람이 어떤 행동으로 상대에게 상처를 주었다면—못된 소문을 퍼뜨린다든가 하는 것처럼—그건 그냥 넘기기 힘든 싸움으로 이어질 수 있어. 짓궂게 놀리다가 싸움이 되기도 하고, 운동 경기나 게임에서 경쟁하다가 싸움으로 번지는 경우도 종종 있지. 대부분의 경우 싸움은 잘 해결될 수 있어. 서로 사과하고 다시 그러지 않기로 약속하면 돼. 그런데 이따금 너무 심하게 싸워서 친구 관계를 유지할 수 없을 때도 있어.

우정이 끝날 때가 되었다는 조짐

대개는 우정이 끝날 때가 되었는지 알기 어려워. 그걸 알아보는 한 가지 방법은 우정이 지닌 가치보다 그 우정을 유지하기 위해 들이는 노력이 더 큰지 살펴보는 거야. 가령, 친구와 늘 싸운다면 친구 관계의 즐거움은 사라진 거지. 또는 우정 문제 때문에 행복하기보다 속상하다면—특히 같은 문제가 반복해서 일어나고 나아질 기미조차 없다면—우정을 끝내는 걸 생각해 볼 수 있어.

누군가와 친구로 남을지 말지 결정할 때 다음과 같은 조짐이 있는지 살펴보렴. 친구가 이 가운데 한 가지 또는 그 이상을 하고 있다면 좋은 우정이 아닐지도 몰라.

- **거짓말을 하는 것.** 친구가 거짓말을 한다면, 특히 그런 일이 한 번 이상 반복된다면, 그 친구를 믿을 수 없다는 뜻이야.
- **물건을 훔치는 것.** 친구를 집에 초대했는데 나중에 친구가 네 물건을 훔쳤다는 사실을 알게 되었다고 해 보자. 거짓말과 마찬가지로, 이것은 그 아이를 믿을 수 없다는 뜻이므로, 그 아이와 친구로 남고 싶지 않을 수 있어.
- **둘 사이의 비밀을 남에게 말하는 것.** 친구가 네 비밀—네가 누구에게 반했는지, 어떤 일로 창피했는지 같은 것—을 다른 사람에게

말한다면 마음이 상하는 게 당연해. 개인적인 비밀이나 생각을 존중하지 않는 친구는 쉽게 바뀌지 않아.

- **함께하기 위한 시간을 내지 않는 것.** 친구에게 뭔가를 하자고 제안할 때마다 번번이 안 된다는 답이 돌아온다면 친구는 네게 그리 관심이 없는지도 몰라. 마음이 아프지만 이런 우정은 정리하는 게 더 이상 상처받지 않는 가장 좋은 방법일 수 있어.

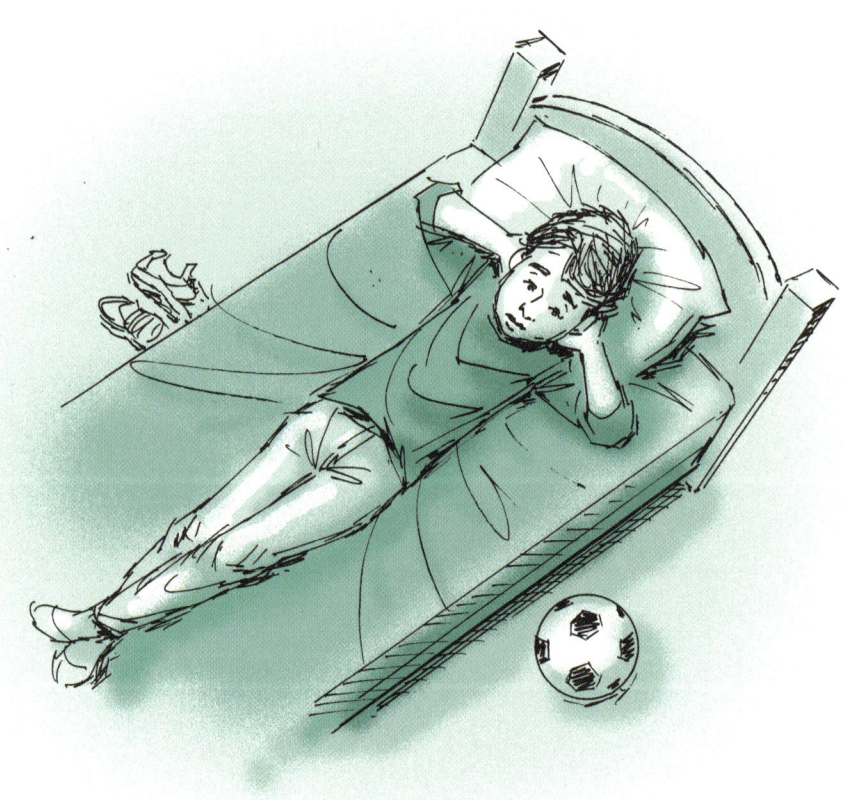

- **약속을 어기는 것.** 약속을 반복적으로 깨는 아이는 믿을 만한 친구가 아니야.
- **아프게 하거나 놀리거나 괴롭히는 것.** 모든 친구는 종종 싸워. 어쩌다 몸싸움으로 번지기도 하고. 그러다 화해하고 넘어가지. 친근한 장난과 농담도 괜찮아. 유머 감각은 친구의 좋은 자질이니까. 하지만 친구가 너를 아프게 하거나 놀리거나 때리거나 주먹질을 한다면, 그러지 말라고 해도 그런다면, 그 아이는 정말로 친구가 아니야.
- **나쁜 일을 하라고 시키는 것.** 친구가 네게 물건을 훔치거나, 거짓말을 하거나, 다른 아이를 해치거나, 마약 또는 술을 먹어 보라고 시킨다면, 그 아이는 좋은 친구가 아니고, 어울리기 안전하지도 않아. 믿을 수 있는 어른에게 이야기하는 게 좋아.

친구가 이런 행동 가운데 어느 하나라도 한다면 우정을 끝낼 때라는 확실한 신호란다. 그렇지만 그 아이가 한 번이라도 진정한 친구였다면 함께 문제를 해결하거나 사과할 기회를 줘도 좋아. 누구나 실수를 하니까. 문제를 터놓고 이야기해서 친구 관계를 회복하거나 그 우정을 끝내야 한다는 사실을 확인할 수도 있어. 함께 이야기를 나누어 보면 어느 쪽인지 좀 더 명확해질 거야.

문제에 대해 말하기

친구와 감정에 대해 이야기하는 건 어려울 수 있어. 특히 상대에게 화나 있을 때는 더욱 그렇지. 많은 사람들은 갈등을 좋아하지 않아. 상대를 슬금슬금 피하거나 그냥 관계를 잘라 내는 편이 터놓고 말하는 것보다 쉬워 보일 수 있지만 친구와 문제가 있을 때는 친구에게 말하는 것이 가장 좋아. 특히 그 우정을 끝낼 생각을 하고 있다면 더더욱 그렇고. 친구를 영문도 모르는 상태로 남겨 둔 채 네 인생에서 친구를 끊어 내는 건 불공평하니까.

문제를 해결하기 위해 노력하고 싶으면 네가 우정에 대해 어떤 감정을 느끼는지 상대에게 알리렴. '우정 점검' 같은 걸로 생각하면 돼. 대화를 시작하는 몇 가지 방법을 소개할게.

"데시, 잘 지내지? 잠깐 이야기할 시간 있어? 우리가 예전처럼 어울리지 않는 것 같아서. 난 우리가 계속 잘 지내면 좋겠는데 너도 그런지 궁금해."

"리오나, 너한테 할 말이 있는데. 점심시간에 네가 나한테 말을 통 안 해서 난 외톨이가 된 기분이야. 넌 다른 친구들한테만 이야기하는 것 같더라. 뭐 마음에 안 드는 거라도 있어?"

"안녕, 제이콥, 우리 이야기 좀 할래? 내가 전화했는데 왜 나한테 다시 전화 안 해? 네가 나랑 더 이상 친구 하기 싫어 한다는 기분이 들어. 혹시 정말 그런 거야?"

친구가 마음을 상하게 해서 미안하다고 하거나 왜 그렇게 행동했는지 설명한다면 네 기분이 나아질 거야. 정말 잘된 일이지! 네가 용기를 내서 친구와 중요한 일에 대해 이야기함으로써 우정을 지켜 낸 거야!

그러나 이걸로는 충분하지 않을 때가 있어. 친구의 사과가 진심이 아니란 생각이 들 수도 있고, 친구가 앞으로는 그러지 않겠다고 말하고 계속 상처를 줄 수도 있어. 친구가 한 행동 때문에 너무니 회가 난 나머지 간단히 용서하고 넘어갈 수 없을지도 몰라. 또는 네가 지적한 행동을 정작 친구는 인정하지 않거나, 네가 말을 꺼내자마자 친구가 도리어 버럭 화를 낼 수도 있어. 그건 그 우정이 끝이라는 의미일지도 몰라.

어떤 아이들은 우정을 끝낼지 말지 결정할 때 비교표를 만들면 도움이 된다고 해. 이런 식으로 말이야.

제8장 우정이 끝날 때 153

재닛과 친구로 남을 이유	재닛과 우정을 끝낼 이유
우리는 함께 있으면 여전히 재미있다.	재닛은 나한테 전화를 절대 하지 않는다.
우리는 같은 동네에 산다.	재닛은 같이 놀기로 한 계획을 자주 취소한다.
우리는 같이 친한 친구가 아주 많다.	재닛은 나를 놀린다.

비교표의 양쪽에 이유를 나열하고, 가장 중요한 이유에 동그라미를 쳐 보렴. 이렇게 하면 친구로 남을지 말지 결정하는 것이 쉬워져. 아직도 잘 모르겠다면 이유 목록을 부모님이나 믿을 만한 다른 친구에게 보여 주고, 결정에 보탬이 될 만한 의견이 있는지 물어봐.

네가 상처를 주는 사람이라면?

네가 친구의 감정을 상하게 하거나 엉겁결에 한 행동으로 친구를 화나게 만들어서, 친구가 너에게 거리를 둘 가능성도 항상 존재한단다. 어쩌면 친구는 두려워서 그 이야기를 못 꺼낼지 몰라.

친구가 속상해 보이거나 피하는 것 같다면 친구에게 물어보렴. 네가 해결할 수도 있을 테니까.

어떻게 하면 되냐고? 그냥 "내가 뭐 잘못했어?" 또는 "내가 한 어떤 행동 때문에 화났어?"라고 물어보는 거야. 친구가 처음에는 아니라고 할지 모르지만 미심쩍으면 "정말이야?" 하고 다시 확인해 봐. 많은 사람들이 상처를 받았을 때 그 사실을 남에게 말하기를 꺼리거든. 두 번쯤 물으면 친구가 인정할 거야.

친구가 상처를 받았다고 말하면 네 행동을 시인하는 게 중요해. 너는 별일이 아니라고 생각하더라도 말이야. "그건 진짜 오래된 일이잖아!"나 "그렇게 된 게 아닌데?" 같은 말은 도움이 안 돼. 이런 말은 친구의 감정을 자극할 뿐이야.

대신, 네가 미안하다는 것, 여전히 친구로 남고 싶다는 것, 같은 일이 다시 반복되지 않게 최선을 다하겠다는 것을 친구에게 알리렴. 네가 했던 행동의 이유를 설명하거나 일부러 그런 게 아니란 걸 알리는 건 괜찮아. 그렇지만 반드시 사과로 시작해야 해.

"아, 저런, 내가 정말 미안해! 일부러 그런 건 아니었어. 나한테 말해 줘서 고마워. 네가 날 용서해 주면 좋겠어."
"이런, 나도 마음이 안 좋다. 미안해. 난 네가 농담하는 줄 알았거든. 네가 나한테 이런 얘길 해 줘서 정말 다행

이야."

지난 장에서 배웠듯이, 용서할 줄 아는 건 우정을 포함해 다른 관계에서도 중요한 부분이란다. 친구가 너를 용서하지 못하면 친구로 남기 어렵겠지. 그런 걸 '앙금이 남는다'고 해. 물론, 네가 사과하고 나서도 계속 똑같이 잘못된 행동을 반복한다면 친구는 너에 대한 신뢰를 거둘 거야.

우정에 마침표 찍기

대부분의 우정은 사람들이 '절교'하기로 마음먹어서 끝나는 것이 아니야. 그냥 서서히 멀어지는 경우가 더 많지. 갈등을 겪고 난 후, 또는 친구의 행동에 상처를 받고 그 일에 대해 말을 꺼낸 후 그렇게 될 수도 있어. 이야기를 나누고 상황이 변하는 거지. 아니면 저절로 그렇게 되기도 해. 더 이상 연락을 하거나 함께 시간을 보내지 않고 각자의 길을 가는 거야. 그 뒤로 친구가 거리를 둔 채 다가오지 않으면, 너도 그냥 그대로 내버려 두고 싶어질 거야.

그렇지만 네가 우정을 끝내기로 결심했고, 친구가 왜 함께 놀지 않는지 자꾸 묻는 상황이라면, 친구는 이유를 알 권리가 있어. 친구에게 말하려면 힘들겠지만 우정에 확실한 종지부를 찍는 것이 두 사람 모두에게 이롭단다. 왜 우정을 끝내는지 친구에게 설명해야 해. 솔직하게 말하되 상처를 주지는 말고. 더 이상 친구가 아니라도 상대는 여전히 감정을 지닌 사람이야. 조심스럽게 돌아설 필요가 있단다.

때로는 상대가 친구로 남자고 설득할 거야. 하지만 우정을 끝낼 합당한 이유가 있다면 소신을 지키렴. 친절하고 존중하는 태도를 유지하면서 우정을 끝내는 이유를 일러 줄 수 있어. 이렇게 말이야.

"네가 친구로 남고 싶어 하는 건 알겠어. 우리가 즐거운 시간을 보냈다는 건 나도 동의해. 그런데 난 특정한 때만 나를 좋아하는 사람하고는 친구가 되고 싶지 않아."

"난 나한테 거짓말 하는 친구는 못 참겠어. 그건 친구끼리 할 행동이 아니니까."

"빌리, 미안해. 난 이제 네 친구가 되지 않기로 마음먹었어. 학교에 빠지고, 물건을 훔치고, 네가 하는 그 모든 행동에 휘말리고 싶지 않아."

"난 그냥 너와 더 이상 친구가 되고 싶지 않아. 미안하지만 난 마음을 정했어."

아마 우정이 끝나고 난 후에도 여전히 그 아이를 종종 만나게 될 거야. 그럴 땐 가볍게 인사하고 예의를 지키렴. 다른 아이들이 왜 관계가 끝났는지 물을 때, 그 아이에 대해 나쁜 말을 하지 않도록 조심하고. "그냥 그렇게 됐어." 정도로 답하면 돼. 처음에는 많이 불편하겠지만 시간이 지날수록 괜찮아질 거야. 친구였던 아이가 없는 자리에서 그 아이에 대해 나쁜 말을 하거나 그 아이의 비밀을 남에게 말하면 안 돼.

두 사람이 같은 무리의 친구들과 어울리는 상황이라면 일이 좀 복잡하지. 네가 그중 한 아이와 절교한다고 그 무리의 다른 친구들이 모두 똑같이 하기를 바랄 수는 없어. 그 무리와 어울릴 때는 관계가 끝난 아이를 만날 수밖에 없다는 뜻이야. 난처한 일이지. 그런 경우

나중에 다시 친구가 되는 건 괜찮을까?

여러분이 결정할 일입니다. 사람과 상황은 변하고, 작년에 우정에 문제가 됐던 일들이 올해는 그리 나쁘지 않을 수 있어요. 친구가 그립고, 친구에게 긍정적인 변화가 보인다면, 그 우정에 한 번 더 기회를 줄 수 있습니다. 예전에는 사과하지 않았던 친구가 이후에 미안하다고 말한다면 그건 친구가 긍정적인 쪽으로 변했다는 신호예요. 하지만 반드시 합당한 이유가 있어야 합니다. 마땅히 다른 친구가 없다는 이유로 여러분을 아프게 했던 사람과 다시 친구가 되려고 하지는 마세요. 다시 친구가 될지 말지 잘 모르겠다면 믿을 만한 다른 친구나 어른에게 물어보세요. 여러분이 좋은 결정을 내리도록 도와줄 거예요.

라면 당분간 그 무리 밖의 친구들과 보내는 시간을 늘리렴. 원래 어울리던 친구들에게는 한동안 예전처럼 만나지 못하는 이유를 알려 줘.

상대가 우정을 끝낼 때

상대가 너와의 우정을 끝내는 건 정말 뜨끔한 일이야. 친구가 직접 네게 작별을 고하든, 별안간 연락과 만남이 뚝 끊기든, 너는 화나거나, 아프거나, 얼떨떨하거나 슬플 거야. 이 모든 감정을 한꺼번에 다 느낄 수도 있고. 힘들고 속상하겠지. 당장은 그럴 기분이 아니겠지만 시간이 지나면 새로운 친구를 사귀게 될 거야.

자기에게 일어난 일을 이야기하면 회복이 빨라질 수 있어. 부모님이나 다른 어른과 이야기를 나눠 보렴. 믿음직한 친구나 형제자매와 이야기하는 것도 좋아. 일기 쓰기도 유익하지. 마음이 내키면 그 관계에서 무엇이 잘못됐는지, 무엇을 다르게 할 수

> **친구의 한마디…**
>
> "진짜 친한 친구 하나가 어느 날 갑자기 저랑 절교했어요. 그냥 관계를 정리한 것 같아요. 처음에는 어리둥절했지만 친구에게 혼자 보내는 시간이 좀 필요한 것 같아서 전 그냥 다른 친구를 사귀었어요. 우린 여전히 인사를 나누는 사이지만 더 이상 가까운 친구는 아니에요." – 12세, 여자아이

있었을지 생각해 봐. 이 책을 다시 읽고 이런저런 아이디어를 떠올려 보렴.

 보통은 다른 친구들과 시간을 더 보내는 것이 제일 좋아. 한동안은 마음이 아프겠지만 다른 친구들과 친해지다 보면 과거의 친구가 남긴 빈자리를 채울 수 있어.

나라면 어떻게 할까?

 145쪽에 나온 마크의 이야기를 다시 살펴봅시다. 무슨 일인지 알려면 마크는 로베르토에게 말을 해야 할 듯해요. 마크는 뭐라고 말해야 할까요? 로베르토는 뭐라고 말할까요? 로베르토는 자신이 마크에게 소홀했다는 걸 알까요? 이 이야기에 두 가지 결말을 만들어 보세요. 하나는 두 사람이 화해하는 걸로, 다른 하나는 우정이 끝나는 걸로 이야기를 마무리해 봅시다.

아래 퀴즈를 풀면서 이 장에서 배운 내용을 확인해 보세요.

참 또는 거짓?

1. 우정은 때때로 사람들이 변하고 멀어지기 때문에 끝난다.

2. 나를 화나게 만든 친구와 터놓고 문제를 이야기하는 것보다 그냥 그 친구를 피하는 편이 낫다.

3. 친구 관계가 끝나면 더 이상 서로에게 친절하게 대할 필요가 없다.

4. 친구가 나에게 정말 못되게 굴면 앙갚음하기 위해 친구의 비밀을 모든 사람에게 말해도 괜찮다.

결과

1. **참**. 모든 사람이 영원히 친구로 지내는 건 아닙니다.

2. **거짓**. 우선 문제에 대해 이야기하는 것이 좋은 우정의 기술이고, 우정을 지키는 데도 그 편이 이롭습니다.

3. **거짓**. 처음에는 쉽지 않겠지만 변함없이 상대를 존중해야 해요.

4. **거짓**. 우정이 끝난 후에도 내밀한 정보를 남에게 말하거나 친구에 대해 부정적으로 이야기하는 건 절대 금물입니다. 그건 졸렬한 행동이고, 스스로를 깎아내리는 꼴입니다. 누군가 그런 행동을 한다면 여러분은 어떤 기분일지 생각해 보세요.

다음 단계: 최선을 다해 최고의 친구 되기

열세 살 캐럴라인은 요즘 바쁩니다. 일주일에 두 번 농구 연습이 있고, 매주 토요일에는 경기가 있거든요. 캐럴라인은 청소년 모임 대표라서 겨울 캠프 계획도 돕고 있습니다. 학교 맞춤법 대회를 대비해 공부도 하는데 올해는 정말로 우승해서 지역 결승전에 나가고 싶어요. 게다가 친구들하고도 시간을 많이 보내고 있어요.

이 모든 일을 챙기느라 캐럴라인은 친구 피나가 쓸쓸해한다는 걸 한참 동안이나 눈치채지 못했습니다. 피나의 가장 친한 친구는 최근에 전학을 가서 더 이상 만나지 못하고, 다른 아이들과는 아직 친해지지 않은 상태예요. 피나는 다른 어떤 운동이나 활동에도 참여하지 않아서 학교에서 혼자 휴대 전화를 보며 시간을 많이 보냅니다.

이런 상황을 알아챈 캐럴라인은 "피나를 도와주고 싶은데, 어떻게 하지?" 하며 고민 중입니다.

나라면 어떻게 할까?

여러분이 캐럴라인이라면 피나가 더 즐겁게 지낼 수 있게 도와줄 건가요? 아니면 피나가 혼자서 방법을 찾도록 가만히 둘 건가요? 피나를 도와주고 싶다면, 어떻게 하면 좋을까요? 이 장의 끝에서 이 이야기로 돌아와 결말을 만들어 봅시다.

이 책에는 친구를 사귀고, 누군가의 친구가 되고, 친구 관계를 유지하는 이야기가 담겨 있어. 네가 멋진 친구가 되도록 여러 가지 방법을 제안하고 있지. 그런데 너는 그보다 더 큰일을 해낼 수 있어. 리더―사람들이 우러러보는 그런 사람―가 되는 거야. 누구나 리더가 될 수 있어. 정말이야! 인기가 많거나 똑똑하거나 아름답거나 부유하거나 운동을 잘해야 하는 게 아니야. 친절하고 너그럽고―그리고 때때로 용감하고―남을 도울 방법을 찾을 수 있으면 돼. 이 장에서 방법을 알려 줄게.

함께 하자고 제안하기

모든 아이가 다 친구를 잘 사귀는 건 아니야. 어떤 아이는 수줍음이 많아서, 적어도 처음에는, 낯선 사람에게 말을 걸지 않아. 학교나 동네, 학원이나 동아리, 운동 팀, 또는 종교 모임에도 이런 사람이 있어. 친구 사귀는 법을 배웠으니 이제 그 문제로 속을 끓이는 아이들에게 손을 내미는 첫걸음을 내딛을 수 있겠지?

다음에 혼자 놀거나 무리에 속하지 않은 누군가를 발견하면 네가 무엇을 하고 있든 함께 하자고 제안해 봐. 운동장에서 깃발 뺏기 놀이를 하는데 누가 혼자 있다면 "우리랑 같이 할래?"라고 물어보렴. 좋다고 하면 함께 있던 아이들을 그 친구에게 소개해. 선생님이 수업 시간에 모둠을 짜서 과제를 하라고 하시면 항상 혼자 남는 아이를 불러들여 봐. 어느 수업에나 그런 아이는 있기 마련이니까. 언제나 혼자 남겨지는 건 슬픈 일일 거야. 버스나 학교 식당에서 누군가 언제나 혼자 앉아 있다면 네가 그 친구 옆에 앉아 보렴.

그렇게 불러들이는 것만으로도 친구를 행복하게 만들 수 있어! 네가 앞장서서 친구가 어딘가에 속할 수 있게 도우면 다른 아이들도 똑같이 하기로 마음먹을지 몰라.

재미있는 행사 주최하기

모든 사람의 전화번호나 이메일 주소를 모으고, 모든 부모님들과 이야기하고, 무리의 활동을 짜는 데 필요한 일을 모두 해내려면 품이 아주 많이 든단다. 그렇지만 그런 일을 도맡는 사람이 없으면 결코 여럿이 어떤 활동을 할 수 없어. 너와 친구들이 '겨울방학 동안 하루 날을 잡아 스키를 타러 가면 좋겠다'고 생각했다고 해 볼까? 정말 재미있겠지! 그런데 아무도 그 일을 준비하지 않는다면 어떻게 될지 알 수 없어. **네가** 그 행사를 주최하면 어떨까? 모두에게 즐겁게 보낼 시간을 마련해 주면 친구들이 고마워할 거야.

주최자가 되는 건 그리 어렵지 않아. 이렇게 하면 된단다.
1. 이런저런 아이디어를 떠올려 봐. 친구들과 이야기해서 모두가 관심 있는 것이 무엇인지 알아보렴. 영화 보기, 놀이공원 가기, 스케이트보드나 자전거 타기, 잠옷 파티, 운동 경기, 파티 열기 같은 생각이 모일 거야. 대대적으로 비디오게임 리그전을 열 수도 있겠지!

2. 모든 사람의 전화번호나 이메일 주소를 받아. 그래야 모두에게 연락할 수 있으니까.
3. 무슨 요일, 몇 시가 가능할지 가족에게 확인하고, 잊지 않도록 적어 둬. 달력에 표시하면 좋겠지.
4. 모두에게 연락해 행사에 초대하렴. 연락은 작은 무리부터 시작하는 게 좋아.

부모님이나 가족의 다른 구성원에게 언제든 도움을 청할 수 있다는 사실을 기억하렴. 네 부모님이 친구의 부모님과 이야기를 나눠서 행사를 도울 수도 있어.

친구들을 위해 재미있는 행사를 준비하면 친구들은 너를 달리 생각할 거야. 너를 리더로 보기 시작하는 거지.

섞이고 어울리기

아마 학교에, 태권도 도장에, 축구팀에, 동네에, 학원에 친구가 몇 명씩 있을 거야. 겹치는 친구도 약간 있겠지만—학교에서 제일 친한 친구가 야구팀에서 2루를 맡는 식으로—이 아이들 중 다수는 서로 모르는 사이일 테고. 그런데 그 친구들은 모두 너를 알고, 너와 친한 친구들끼리는 서로가 마음에 들 수 있어.

다양한 무리에서 몇 명을 초대해서 뭔가 같이 해 보면 어떨까? 그러면 친구들이 더 많은 친구를 사귀는 걸 도울 수 있어. 너도 새로운 친구 또는 더 좋은 친구를 만날 수 있고. 이미 서로 아는 아이들끼리도 다른 방식으로 친해질 수 있단다. 생각보다 공통점도 많고, 재밌는 일을 할 기회도 많다는 걸 알게 되는 거지.

친구를 돕는 다른 방법은 기회가 있을 때 친구들에게 서로를 간단히 소개하는 거야. 학교에서 친구와 이야기하고 있는데 학원에서 만난 다른 친구가 그 옆을 지나간다고 해 볼까? 그 친구를 불러서 친구들끼리 인사하게 하렴. 이건 예의를 갖추는 것이기도 하지만, 이런 식으로 네 친구들이 서로 친구가 될 수도 있단다.

다른 사람 돕기

우정을 쌓는 또 하나의 멋진 방법은 다른 사람을 돕는 거야. 사람들은 기꺼이 돕는 사람 곁에 머물기를 좋아하거든. 봉사를 하면 마음도 뿌듯해져.

아픈 반 친구를 위해 필기를 하고 숙제를 가져다주는 일처럼 소소한 방식으로 누군가를 도울 수 있어. 좀 더 거창한 방법도 있지. 네가 수학을 잘하면 수학 때문에 고생하는 친구에게 수학을 가르쳐 줘. 도움이 필요한 학생이 있는지 학교 상담 선생님께 여쭤보렴. 너와 같은 축구팀의 팀원이 슛을 잘 못한다면 함께 연습하자고 권할 수도 있어.

지역 공동체에서 봉사 활동을 하는 것도 좋아. 동네에서 쓰레기를 줍거나 노숙인들을 위해 물품을 모으는 자원봉사를 하면 새로운 친구도 사귀고 좋은 일도 할 수 있어. 선생님이나 모임 대표, 부모님께 봉사 기관에 연결을 부탁하거나 뭔가 시작할 수 있게 도움을 청하는 식으로 솔선수범하는 방법도 있어. 봉사할 기회는 아주 많단다. 동물 보호소나 지역 공동체 급식소에서 일을 거들거나, 숙제 도우미 모임을 시작하거나, 어린 아이들에게 책을 읽어 줄 수도 있어.

1365 자원봉사 포털 '1365.go.kr'이나 청소년 자원봉사 'dovol.youth.go.kr' 같은 웹 사이트에서 더 자세한 정보를 찾아보렴.

괴롭힘에 맞서기

누군가 괴롭힘을 당하고 있다면 그 상황이 중단되도록 도울 수 있어. 그런 일을 보면 다음과 같이 말해 볼까?

"이봐, 래리, 걔 그냥 내버려 둬! 너한테 아무 짓도 안 했잖아!"

"메건, 내 친구 놀리는 거 그만둬! 그런 식으로 대해도 되는 사람은 없어!"

"그만두는 게 좋을 거야. 그건 친구를 괴롭히는 거고, 너 그러다 큰일 날 수 있어."

괴롭힘을 당하는 아이에게 네가 마음을 쓰고 있다는 걸 보여 줘야 해. 여러 방식이 있겠지만 한 가지 좋은 방법은 함께 놀자고 권하는 거야. 그 친구가 버스 정류장에서 괴롭힘을 당한다면 같이 가서 버스를 기다려 줄 수도 있어. "넌 그런 대우를 받을 사람이 아니야. 난 네 편이야." 같은 말로 관심을 기울이고 있음을 알리렴.

누군가 괴롭힘을 당하는 걸 알지만 실제로 그 현장을 목격하지 못했다 해도 여전히 할 수 있는 일이 있어. 괴롭힘을 당하는 아이에게 친구가 돼 주는 거야. 괴롭히는 아이와 대화를 시도할 수도 있지. 감정이 격한 상태가 아닐 때 말을 걸면 상대가 네 말을 들을 가능성이 높아.

괴롭힘이 위험한 수준이라면―누가 다칠 것 같다거나 흉기가 눈에 띈다면―즉시 어른에게 알려야 해. 네 직감을 믿어. 위험해 보인다면 위험한 상황이 맞아.

괴롭힘에 맞서는 일은 쉽지 않아. 특히 처음엔 더 그럴 거야. 그런데 사실상 아이들은 **대부분** 괴롭힘을 좋아하지 않고, 그걸 말리고 싶어 해. 하지만 네가 그렇듯, 뭔가 말하기가 겁나는 거지. 네가 괴롭힘에 한두 번 맞서면 다른 아이들은 그런 행동을 고맙게 여기고, 너를 높이 평가한단다. 네가 줏대 있게 입장을 밝힌 걸 반기면서 다음번에는 너와 행동을 함께할 수도 있어. 그렇게 상황을 좋은 쪽으로 바꾸어 나가는 거야.

나라면 어떻게 할까?

162쪽의 캐럴라인 이야기로 돌아가 봅시다. 캐럴라인은 리더의 자리로 한 걸음 다가갈 준비가 됐나요? 피나의 기분이 나아지게 하려면 캐럴라인이 무엇을 할 수 있을까요? 캐럴라인과 피나의 이야기에 행복한 결말을 만들어 보세요.

즉석 퀴즈

이 책의 마지막 퀴즈입니다. 준비됐죠?

참 또는 거짓?

나는 아주 멋진 친구가 될 수 있다.

결과

두말할 것도 없이 **참**입니다. 실수를 저지르고 누군가에게 상처를 준 적이 있다 해도, 너무나 수줍음이 많아서 사람들을 만나는 자리를 무서워한다 해도, 여러분은 베풀 것이 아주 많아요. 여러분은 친구를 얻을 자격이 있습니다. 친구를 사귀고, 누군가의 친구가 되고, 우정을 유지할 수단도 갖추고 있고요. 비법은 배려와 친절, 그리고 여러분답게 행동하는 것입니다. 격려가 필요할 때마다 이 책에서 배운 내용을 활용해 보세요.

재밌게 지내는 것도 잊지 말고요!